독자의 1초를
아껴주는 정성을
만나보세요!

세상이 아무리 바쁘게 돌아가더라도 책까지 아무렇게나 빨리 만들 수는 없습니다.
인스턴트 식품 같은 책보다 오래 익힌 술이나 장맛이 밴 책을 만들고 싶습니다.
땀 흘리며 일하는 당신을 위해 한 권 한 권 마음을 다해 만들겠습니다.
마지막 페이지에서 만날 새로운 당신을 위해 더 나은 길을 준비하겠습니다.

그림으로 이해하는 AWS 구조와 기술

The Structure and Technology of AWS

초판 발행 · 2021년 6월 30일
초판 3쇄 발행 · 2022년 1월 5일

지은이 · 오가사와라 시게타카
옮긴이 · 성창규
발행인 · 이종원
발행처 · (주)도서출판 길벗
출판사 등록일 · 1990년 12월 24일
주소 · 서울시 마포구 월드컵로 10길 56(서교동)
대표전화 · 02)332-0931 | **팩스** · 02)323-0586
홈페이지 · www.gilbut.co.kr | **이메일** · gilbut@gilbut.co.kr

기획 및 책임편집 · 정지은(je7304@gilbut.co.kr) | **디자인** · 장기준 | **제작** · 이준호, 손일순, 이진혁
영업마케팅 · 임태호, 전선하, 차명환, 지운집, 박성용 | **영업관리** · 김명자 | **독자지원** · 송혜란, 윤정아

전산편집 · 여동일 | **출력 및 인쇄** · 금강인쇄 | **제본** · 금강인쇄

- 잘못된 책은 구입한 서점에서 바꿔 드립니다.
- 이 책은 저작권법에 따라 보호받는 저작물이므로 무단전재와 무단복제를 금합니다.
  이 책의 전부 또는 일부를 이용하려면 반드시 사전에 저작권자와 (주)도서출판 길벗의 서면 동의를 받아야 합니다.

ISBN 979-11-6521-568-2 93000
(길벗 도서번호 080271)

정가 18,000원

독자의 1초를 아껴주는 정성 길벗출판사

길벗 | IT실용서, IT/일반 수험서, IT전문서, 경제실용서, 취미실용서, 건강실용서, 자녀교육서
더퀘스트 | 인문교양서, 비즈니스서
길벗이지톡 | 어학단행본, 어학수험서
길벗스쿨 | 국어학습서, 수학학습서, 유아학습서, 어학학습서, 어린이교양서, 교과서

페이스북 · www.facebook.com/gbitbook

CLOUD SEARCH

AWS

AUTO-
SCALING

AMAZON WEB SERVICE

그림으로 이해하는
AWS 구조와 기술

오가사와라 시게타카 지음 · **성창규** 옮김

길벗

AWS(Amazon Web Services)는 인터넷 쇼핑몰로 유명한 Amazon.com이 자사의 노하우를 살려 제공하고 있는 '클라우드 컴퓨팅 서비스'입니다.

'클라우드'라는 개념이 등장하고 꽤 시간이 흘렀습니다. 클라우드가 처음 등장했을 때는 한때 유행처럼 스쳐지나갈 거라고 생각했지만, 지금은 정부 정보 시스템도 클라우드를 사용할 정도로 사회 인프라로서의 중요성이 높아지고 있습니다.[1]

이러한 클라우드 중 대표적인 것이 AWS입니다. AWS는 웹에 관련된 기능뿐아니라 회사 시스템이나 머신 러닝, 인프라와 관련된 기능까지 폭넓은 서비스를 제공하고 있습니다. 또한, AWS는 단순히 '임대 서버 대신 AWS를'처럼 '서버의 대용품'으로 사용되는 것이 아니라 시스템이나 인프라를 구축하는 데 있어서 꼭 필요한 서비스로 자리매김하고 있습니다.

이 책에서는 AWS와 클라우드의 기본적인 개념을 이해하기 쉽도록 일러스트를 많이 사용하였으며, Amazon EC2, Amazon S3 등 AWS의 주요 서비스에 대해 설명합니다. AWS는 기존 컴퓨팅 서비스와 다른 서비스이지만 그 근간이 되는 개념이나 기술은 같습니다. AWS의 서비스는 굉장히 다양해서 처음 접하면 어떻게 사용해야 할지 몰라서 당황할 수도 있습니다. 하지만 이 책을 읽고 나면 어떤 서비스가 있고, 어떠한 특징이 있으며, 어떻게 사용하면 될지 여러분의 머릿속에 다양한 AWS 활용 기술이 떠오를 것입니다.

계속해서 진화하고 변화하고 있는 AWS의 세계를 즐길 수 있으면 좋겠습니다.

2019년 10월 9일

오가사와라 시게타카

---

1   역주 국내도 공공 정보 시스템을 2025년까지 클라우드로 전환할 예정입니다.

코로나로 조금 쓸쓸한 연말을 보내던 12월초 길벗출판사 IT전문서팀의 연락을 받았습니다. 오랜만에 받은 번역 의뢰에 조금 망설였지만, 책 내용이 쉽고, 구성이 잘 짜여 있어서 많은 분에게 도움이 되겠다는 생각에 기꺼이 수락했습니다.

클라우드라는 말이 세상에 알려지기 시작한 건 그리 오래되지 않았습니다. 2006년 8월 아마존에서 일래스틱 컴퓨트 클라우드(Amazon Elastic Compute Cloud, EC2)를 출시했으며, 2008년 10월에는 마이크로소프트에서 애저(Azure)를 발표했습니다. 처음에는 생소했던 클라우드라는 개념은 불과 십수 년 만에 새로운 인프라의 패러다임으로 자리잡았으며, 유수한 IT 기업들이 앞다투어 클라우드 제품을 세상에 내놓고 있습니다. 그중 대표적인 제품이 AWS입니다.

이 책은 AWS의 가장 기본적인 서비스들에 대해 일러스트를 사용하여 누구라도 알기 쉽게 설명하고 있습니다. 클라우드는 빠르게 변하고 있어 집필된 시점과 달라진 내용도 있지만, 현재 시점에 맞게 주석으로 설명하였습니다. IT를 공부하는 엔지니어에게 조금이라도 도움이 되었으면 좋겠습니다.

번역하는 동안 항상 친절하게 대응해준 길벗출판사 편집팀에 감사의 마음을 전합니다. 그리고 타지에 있어 자주 찾아 뵙지 못하는 어머니, 동생들, 그리고 곁에서 응원해준 아내에게 항상 감사합니다. 마지막으로 부족한 번역 실력이지만 이 책을 선택한 독자 여러분에게도 감사의 마음을 전합니다.

마스크가 없는 일상으로 돌아가길 바라며

2021년 4월

성창규

저를 포함한 많은 사람이 쉽고도 어려운 AWS와 마주하면서, 하루가 빠르게 늘어나는 AWS의 용어와 서비스명이 어렵고 부담되었을 거라 생각합니다. 이 책은 독자가 AWS를 더 쉽게 이해할 수 있도록 AWS에서 사용하는 기본 지식과 용어를 그림과 표를 이용하여 설명합니다. 또한, 인프라에 사용되는 기본 지식부터 서버리스, 컨테이너의 비교적 최신 기술까지 한 권으로 소개하고 있습니다. 인프라에 대한 전반적인 지식을 학습하길 원하고, 특히 앞으로 AWS를 이용할 모든 분께 이 책을 추천합니다.

황재익_스타트업 CTO

백엔드 개발자를 꿈꾸기에 서버 공부가 필수적인 저에게 정말 도움이 되는 책이었습니다. 먼저 개념을 글로 읽은 다음 바로 그림으로 확인할 수 있어서 더 직관적으로 이해할 수 있었고, 이 점이 가장 좋았습니다. AWS가 무엇인지, 어떤 서비스가 있고, 어떤 원리로 작동되는지 자세하게 알 수 있어서 많은 도움이 되었습니다. 저와 같은 입문자에게 추천합니다.

박지민_대학생

AWS를 접해 보고 싶었지만, 워낙 양이 방대하고 실무에 적용해 볼 기회가 없었습니다. 이 책은 AWS에 대해 깊이 있게 다루지 않지만, 어떤 서비스들이 있는지 기본적으로 어떻게 다루어야 하는지 알고 싶을 때 읽기 좋은 책입니다. 설명이 어렵지 않고 그림으로 되어 있어 쉽고 재미있게 읽을 수 있었습니다.

안혜림_웹 개발자

서버 엔지니어가 아니어도, 전공자가 아니어도 우리 눈에 보이는 화면 뒷단에서 이루어지는 모든 서비스를 AWS에서 원하는 기능만 골라 사용할 수 있게 되었습니다. 그만큼 AWS는 우리에게 가까이 와 있습니다. 비전공자인 제가 읽었을 때 머릿 속에 남는 것은 클라우드 서비스의 정의였고, 두 번째 읽었을 때 가상화와 분산 처리가 머리에 남았습니다. 읽을수록 AWS의 구조와 기술이 점점 더 선명해졌습니다. 이 책을 세 번 읽게 되면 또 어떤 흥미로운 AWS의 속성이 머리에 남을지 기대됩니다.

박진영_대학생

1장   아마존 웹 서비스 기초 지식 ····· 017

1.1 아마존 웹 서비스란: 아마존이 제공하는 클라우드 서비스 018

1.1.1 아마존 웹 서비스란 018

1.1.2 시스템 운영에 필요한 서비스 일체를 사용할 수 있다 019

1.1.3 서비스를 조합하기 쉽다 020

1.1.4 종량제이므로 사용할 만큼만 빌릴 수 있다 021

1.1.5 전문가가 아니어도 사용할 수 있다 021

1.1.6 한국어와 한국 원화 결제가 가능하다 022

1.1.7 보안 기준 023

1.1.8 글로벌 확장이 쉽다 023

1.2 AWS의 서비스: 165개 이상의 서비스 제공 025

1.2.1 165개 이상의 서비스를 제공 025

1.2.2 목적에 따라 다양한 서비스를 제공 026

1.2.3 AWS에서 제공하는 서비스 027

1.2.4 그 밖에 대표적인 서비스 029

1.3 AWS의 비용: 초기 비용은 저렴하지만 운영 비용이 조금 비싸다 033

1.3.1 사용한 만큼 지불하는 종량제 033

1.3.2 대표적인 요금 체계 034

1.3.3 AWS 요금 산출 방법 035

1.3.4 AWS 요금의 장점과 단점 035

1.4 AWS의 사용 방법: 누구라도 쉽게 서비스를 이용할 수 있다 038

1.4.1 서비스를 이용하기 쉬운 구조 038

1.4.2 관리 콘솔 039

1.4.3 매니지드 서비스 039

1.4.4 보안적으로도 안심할 수 있는 구성 040

1.5 AWS의 도입 사례: 대기업이나 정부기관에서 도입하는 경우도 다수 042

1.5.1 국내에도 많은 기업이 도입하고 있다 042

1.5.2 도입 사례 ①: 소규모 블로그 사이트 044

1.5.3 도입 사례 ②: 중간 규모 EC 사이트 044

1.5.4 도입 사례 ③: 업무 시스템 046

1.5.5 도입 사례 ④: 집계 시스템 047

1.5.6 도입 사례 ⑤: 게임 사이트에 온프레미스와 AWS를 병행하여 사용한 예 048

1.6 AWS의 도입 방법: 계정을 만들고 로그인하면 된다 050

1.6.1 계정을 만들고 로그인하기 050

1.6.2 어떤 지식이 필요할까? 051

2장 AWS를 이해하기 위한 클라우드 & 네트워크의 구조 ····· 053

2.1 클라우드와 온프레미스: 클라우드 컴퓨팅의 구조 054

2.1.1 클라우드란? 054

2.1.2 클라우드 컴퓨팅: 인프라를 통째로 빌린다 055

2.1.3 온프레미스와 임대 056

2.1.4 공용 클라우드와 사설 클라우드 057

2.2 가상화와 분산 처리: 클라우드를 지탱하는 2대 기술 059

2.2.1 가상화란 059

2.2.2 가상화를 통한 복제 060

2.2.3 분산 처리와 로드 밸런서 061

2.3 SaaS, PaaS, laaS: 클라우드의 서비스 제공 형태 063

2.3.1 SaaS, PaaS, laaS 063

2.3.2 3가지 서비스의 특징 064

2.4 서버와 인스턴스: 네트워크상에 만들어진 가상 서버 066

2.4.1 서버란 066

2.4.2 서버는 같이 사용할 수 있다 067

2.4.3 대표적인 서버 068

2.4.4 서버에 필요한 요소 069

2.4.5 서버용 OS란 070

2.4.6 인스턴스와 서버 071

2.5 LAN: LAN을 구성하는 기술 **072**

  2.5.1 LAN   072

  2.5.2 LAN을 구성하는 기술   073

2.6 IP 주소와 DNS: 네트워크의 장소를 특정하는 방법 **074**

  2.6.1 IP 주소란   074

  2.6.2 사설 IP 주소와 공인 IP 주소   075

  2.6.3 DNS와 도메인   076

2.7 웹의 구조: 웹 사이트와 관련된 기술 **079**

  2.7.1 HTML과 웹 브라우저의 구조   079

  2.7.2 웹 서버의 구조   080

  2.7.3 웹 사이트와 관련된 기술   081

  2.7.4 웹 사이트에 대한 공격 방법   082

3장 AWS를 사용하기 위한 도구 ····· 085

3.1 AWS의 사용법과 계정: AWS에서 제공하는 유용한 도구 **086**

  3.1.1 AWS를 사용하기 위해 알아야 할 기본 개념   086

  3.1.2 AWS는 서비스를 종합적으로 관리할 수 있다   087

  3.1.3 AWS 계정   088

  3.1.4 root 사용자   089

  3.1.5 서비스를 개인에 맞춰서 최적화   090

3.2 관리 콘솔과 대시보드: 심플하고 직관적인 관리 도구 **091**

  3.2.1 관리 콘솔이란?   091

  3.2.2 리전 선택   092

  3.2.3 대시보드   093

3.3 AWS IAM과 접근 권한: 접근 권한 설정 **096**

  3.3.1 AWS IAM이란   096

  3.3.2 IAM 그룹과 IAM 정책   097

  3.3.3 IAM 정책 설정하기   098

3.4 Amazon CloudWatch: Amazon EC2의 리소스 상태 감시 **101**

3.4.1 Amazon CloudWatch란 101

3.4.2 사용 가능한 조작과 Amazon CloudWatch Logs 102

3.5 AWS Billing and Cost Management: AWS의 비용 관리 **103**

3.5.1 AWS Billing and Cost Management란 103

3.5.2 비용을 확인할 수 있다 104

3.5.3 예산에 따라서 관리할 수 있다 105

3.5.4 비용과 사용 현황을 확인한다 105

3.5.5 비용 관리 요령 106

3.6 리전과 가용 영역: 세계 각국에 존재하는 데이터 센터 **107**

3.6.1 리전과 가용 영역 107

3.6.2 리전과 서비스 108

4장 서버 서비스 Amazon EC2 ······ 111

4.1 Amazon EC2란: 짧은 시간에 실행 환경을 구축할 수 있는 가상 서버 **112**

4.1.1 Amazon EC2란 112

4.1.2 클릭 한 번으로 최적의 서버를 만들 수 있다 113

4.1.3 바로 생성할 수 있고 바로 삭제할 수 있다 114

4.1.4 인스턴스 유형 및 OS를 선택한다 115

4.2 EC2의 사용 절차: 가상 서버를 사용하기까지 **117**

4.2.1 EC2 운영 117

4.2.2 EC2 서비스의 기능 118

4.2.3 EC2의 사용 절차 119

4.2.4 인스턴스 설정 항목 119

4.3 인스턴스 생성과 요금: 가상 서버 생성 예시 **122**

4.3.1 인스턴스 생성 예시 122

4.3.2 인스턴스의 요금 124

4.4 AMI: OS 및 소프트웨어가 설치된 디스크 이미지 **126**

4.4.1 AMI와 인스턴스 126

4.4.2 제공되는 OS 이미지 128

4.4.3 AMI 요금 129

4.4.4 AMI를 직접 만들어 보자 129

4.5 인스턴스 유형: 용도에 맞게 머신을 선택하자 **131**

4.5.1 인스턴스 유형이란 131

4.5.2 인스턴스의 유형과 크기 132

4.6 Amazon EBS: Amazon EC2의 스토리지 볼륨 **133**

4.6.1 EBS란 133

4.6.2 EBS의 볼륨 유형 134

4.6.3 EBS의 기능과 요금 134

4.7 SSH를 사용한 접속과 키 페어: 공개키 암호 방식을 이용한 접근 관리 **136**

4.7.1 SSH로 접속하기 136

4.7.2 키 페어란 137

4.8 Elastic IP 주소: 고정 공인 IP 주소를 부여 **138**

4.8.1 Elastic IP 주소란 138

4.8.2 Elastic IP 주소의 확보와 부여 139

4.8.3 Elastic IP 주소의 요금 139

4.9 Elastic Load Balancing: 트래픽을 분배하는 분산 장치 **141**

4.9.1 ELB란 141

4.9.2 ELB의 종류 142

4.9.3 ELB의 요금 143

4.10 스냅샷: 서버 데이터 백업 **146**

4.10.1 스냅샷이란 146

4.10.2 EBS 스냅샷을 생성하는 방법 147

4.11 오토 스케일링: 수요에 맞춰 EC2 대수를 증감 **149**

4.11.1 오토 스케일링이란 149

4.11.2 감시와 인스턴스 수의 결정 150

5장 스토리지 서비스 Amazon S3 ····· 153

5.1 Amazon S3란: 사용하기 쉬우며 기능이 강력한 스토리지 서비스 154
5.1.1 Amazon S3란 154
5.1.2 견고하고 스마트한 스토리지 서비스 155
5.1.3 요금 체계 156
5.1.4 전송량의 대한 개념 156

5.2 스토리지 클래스: 다양한 종류의 스토리지 158
5.2.1 스토리지 클래스란 158
5.2.2 스토리지 클래스의 종류 159

5.3 S3의 사용 절차: 스토리지 서비스를 사용하기까지 163
5.3.1 S3 조작 163
5.3.2 S3 서비스의 기능 164
5.3.3 S3의 사용 절차 165
5.3.4 S3 버킷 생성 전 검토해야 할 것 166

5.4 객체와 버킷: 파일과 파일을 저장하는 장소 168
5.4.1 객체와 버킷이란 168
5.4.2 버킷 생성과 명명 규칙 169

5.5 버킷 정책과 사용자 정책: 액세스 제한 설정 170
5.5.1 S3 버킷에 대한 액세스 제한 170
5.5.2 액세스 제한의 대상과 내용 171

5.6 웹 사이트 호스팅: 웹 사이트 공개 173
5.6.1 웹 사이트 호스팅이란 173
5.6.2 웹 호스팅에 필요한 설정 174
5.6.3 다른 서비스로 구축한 웹 호스팅과의 차이 175

5.7 파일 업로드와 다운로드: 다양한 파일 업로드 방법 178
5.7.1 업로드와 다운로드 178
5.7.2 다양한 업로드 방법 179

5.8 액세스 관리 및 변조 방지: 부정한 액세스 감시 **182**

5.8.1 액세스 로그란 182

5.8.2 그 외에 액세스 관리 방법 183

5.9 버전 관리 · 수명 주기 · 복제: 저장된 객체 관리 **187**

5.9.1 버전 관리 187

5.9.2 수명 주기 정책 188

5.9.3 교차 리전 복제 189

5.10 데이터 분석과 연계: 저장된 데이터의 분석 **191**

5.10.1 데이터 분석과 연동 191

5.10.2 데이터 분석 서비스 192

5.10.3 데이터 분석 도구의 사용 구분 193

5.11 Amazon CloudFront: 콘텐츠 배포 서비스 **196**

5.11.1 Amazon CloudFront와 엣지 서버 196

5.11.2 Amazon CloudFront의 요금 체계 197

5.11.3 Amazon CloudFront의 요금 계층 197

6장 가상 네트워크 서비스 Amazon VPC ····· 199

6.1 Amazon VPC란: AWS에 생성하는 가상 네트워크 **200**

6.1.1 Amazon VPC란 200

6.1.2 VPC의 구성 200

6.1.3 VPC의 기능 202

6.1.4 VPC 네트워크의 특징과 라우팅 테이블 202

6.2 VPC의 사용 절차: 가상 네트워크를 사용하자 **204**

6.2.1 VPC 설정을 위해 꼭 필요한 사항 204

6.2.2 VPC 사용 절차 205

6.3 기본 VPC: AWS가 제공하는 기본 VPC **206**

6.3.1 기본 VPC란 206

6.3.2 기본 VPC의 구성 206

6.4 서브넷과 DHCP: 사용할 범위 선택   209

　6.4.1 서브넷이란   209

　6.4.2 네트워크의 범위와 CIDR 표기   210

　6.4.3 네트워크 클래스   211

　6.4.4 IP 주소 할당과 DHCP   212

6.5 라우팅과 NAT: 공인 IP 주소와 사설 IP 주소 변환   214

　6.5.1 네트워크와 라우팅   214

　6.5.2 IP 주소와 게이트웨이   215

　6.5.3 IP 마스커레이드   216

　6.5.4 NAT   217

6.6 인터넷 게이트웨이와 NAT 게이트웨이: VPC에서 인터넷으로 접속   220

　6.6.1 인터넷 게이트웨이   220

　6.6.2 NAT 게이트웨이   221

6.7 보안 그룹과 네트워크 ACL: 보안 설정   223

　6.7.1 보안 그룹과 네트워크 ACL   223

　6.7.2 인바운드 및 아웃바운드 설정과 잘 알려진 포트   224

6.8 VPC 엔드포인트: 다른 AWS 서비스 및 엔드포인트 서비스와 연결   227

　6.8.1 VPC 엔드포인트란   227

　6.8.2 인터페이스 엔드포인트와 게이트웨이 엔드포인트   228

　6.8.3 VPC 엔드포인트의 요금   229

6.9 VPC 연결: VPC와 VPC의 연결과 VPC와 VPN의 연결   231

　6.9.1 VPC 연결   231

　6.9.2 전용선과 가상 사설망   232

　6.9.3 AWS Direct Connect   233

　6.9.4 AWS VPN   234

　6.9.5 전송 게이트웨이   235

7장 데이터베이스 서비스 Amazon RDS ····· 237

7.1 데이터베이스와 RDB: 데이터를 관리하는 시스템 238

7.1.1 데이터베이스란 238

7.1.2 데이터베이스와 DBMS 239

7.1.3 DBMS 240

7.1.4 RDB와 비RDB 241

7.2 Amazon RDS란: 주요 RDBMS를 제공하는 데이터베이스 서비스 243

7.2.1 Amazon RDS란 243

7.2.2 인스턴스 클래스 244

7.2.3 RDS 요금 245

7.2.4 RDS의 장점과 단점 246

7.3 RDS에서 사용할 수 있는 DBMS: 데이터베이스 엔진을 선택한다 248

7.3.1 RDS에서 사용할 수 있는 데이터베이스 엔진 248

7.3.2 지원하는 DBMS 목록 249

7.3.3 Amazon Aurora란 250

7.4 RDS 사용 절차: 데이터베이스를 사용하기까지의 절차 251

7.4.1 RDS 조작 251

7.4.2 RDS 서비스의 기능 252

7.4.3 RDS의 사용 절차 255

7.5 키 밸류 데이터베이스: 키를 관리하는 데이터베이스 서비스 257

7.5.1 키 밸류 스토어 데이터베이스란 257

7.5.2 DynamoDB란 258

7.5.3 Amazon ElastiCache란 259

7.6 그 외의 데이터베이스: 다양한 데이터베이스 서비스를 제공한다 261

7.6.1 그 외의 데이터베이스 261

7.6.2 Amazon DocumentDB(MongoDB 호환)란 262

7.6.3 Amazon Neptune이란 262

7.6.4 Amazon Timestream이란 263

7.6.5 Amazon Quantum Ledger Database란 263

8장 알아 두면 좋은 AWS 서비스 ····· 265

8.1 Amazon Route 53: AWS의 DNS 서비스 266

8.1.1 Amazon Route 53란 266

8.1.2 Amazon Route 53의 용어 267

8.1.3 Amazon Route 53의 요금 268

8.2 AWS Lambda: 서버리스 서비스이며 이벤트를 자동으로 실행한다 270

8.2.1 AWS Lambda란 270

8.2.2 Lambda의 용어 271

8.2.3 이벤트 소스 목록 272

8.2.4 Lambda 요금 272

8.3 AWS 컨테이너 서비스: 애플리케이션 단위로 실행할 수 있는 가상 환경 274

8.3.1 AWS 컨테이너 서비스란 274

8.3.2 컨테이너 서비스의 용어 275

8.3.3 AWS Fargate의 방식 276

8.3.4 컨테이너 서비스 요금 277

1장

아마존 웹 서비스 기초 지식

아마존 웹 서비스(AWS, Amazon Web Services)란 컴퓨팅, 스토리지, 데이터베이스를 제공하는 '클라우드 컴퓨팅 서비스'이다. 이 장에서는 AWS의 특징과 구조를 설명하고 그 장점을 찾아본다.

1.1 아마존 웹 서비스란: 아마존이 제공하는 클라우드 서비스

최근 주변에서 아마존 웹 서비스(AWS, Amazon Web Services)란 용어를 자주 듣는다. AWS가 편하고 좋다는 건 알아도 구체적으로 어떤 건지 잘 모르는 경우가 많다. 우선 AWS의 개요와 특징, 장점에 대해 알아보자.

1.1.1 아마존 웹 서비스란

AWS는 클라우드 컴퓨팅 서비스의 하나이다. 인터넷 쇼핑몰로 유명한 아마존(Amazon.com)이 자회사의 노하우를 활용하여 제공하고 있다.

클라우드 컴퓨팅 서비스란 쉽게 말하면 서버 및 네트워크 등을 인터넷으로 빌려주는 서비스로, 언제 어디서든지 사용할 수 있다. Amazon EC2, Amazon S3와 같은 단어를 들어본 적이 있을 것이다. 이러한 것들이 AWS가 제공하는 서비스 이름이다.

AWS에는 컴퓨팅, 스토리지, 데이터베이스, 분석, 네트워킹, 모바일, 개발자 도구, 관리 도구, IoT, 보안, 엔터프라이즈 애플리케이션 등 다양한 서비스가 준비되어 있다. 이와 같은 AWS의 다양한 서비스를 조합하여 모든 애플리케이션과 인프라를 구축할 수 있다.

▼ 그림 1-1 AWS는 클라우드 컴퓨팅 서비스의 한 종류

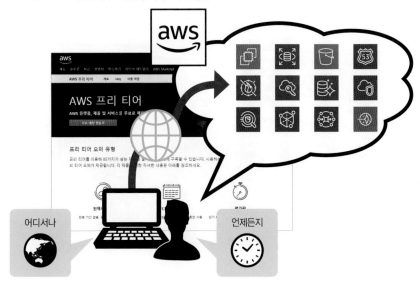

1.1.2 시스템 운영에 필요한 서비스 일체를 사용할 수 있다

AWS가 제공하는 서비스는 웹 사이트나 업무 시스템을 운영하는 데 필요한 기능 전부라고 해도 과언이 아니다. 콘텐츠 외에도 대부분의 기능과 서비스를 사용할 수 있다.

임대 서버처럼 '서버를 빌려주는' 서비스는 예전부터 있었다. AWS의 특징은 여러 사업자에게 각각 빌려야 했던 인프라를 일괄로 빌릴 수 있다는 것과 운영 체제(OS, Operating System)나 웹 서버, 데이터베이스 서버(DB 서버) 등에 필요한 소프트웨어까지 통째로 사용할 수 있다는 것이다.

❤ 그림 1-2 시스템 운영에 필요한 서비스 전부를 AWS로 빌릴 수 있다

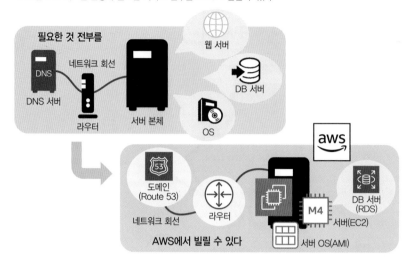

1.1.3 서비스를 조합하기 쉽다

AWS는 다양한 서비스를 제공하고 있어 어떤 서비스를 구축할 때 AWS가 제공하는 서비스만으로도 필요한 기능을 대부분 구축할 수 있으며, 여러 서비스를 조합하여 구축하기도 쉽다. 특히 서비스를 서로 연동하는 부분은 매년 강화되고 있다.

❤ 그림 1-3 서비스 조합이 쉬운 AWS

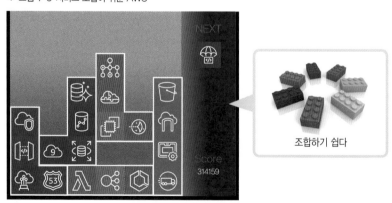

또한, AWS와 AWS 외부의 시스템, 네트워크를 연동하는 사례도 늘고 있다. 서버의 일부만 AWS를 사용하거나 사내 LAN과 AWS를 연결하는 것도 가능하다.

❤ 그림 1-4 AWS 외부의 시스템과 연동도 가능

1.1.4 종량제이므로 사용할 만큼만 빌릴 수 있다

AWS의 요금은 종량제로, 사용한 만큼 지불하는 게 기본이다. 따라서 앞으로 사용할 양을 미리 생각하지 않고 우선 현재 필요한 만큼만 사용하고, 부족해지면 그때마다 추가하면 된다. 필요하다고 생각한 만큼만 쓸 수 있다.

❤ 그림 1-5 사용한 만큼만 지불한다

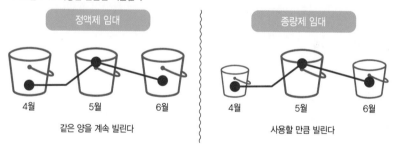

1.1.5 전문가가 아니어도 사용할 수 있다

AWS는 기술을 잘 모르는 사람도 운영할 수 있도록 다양한 방법을 제공한다. 따라서 매우 큰 규모가 아니라면 네트워크나 서버 전문가가 아니어도 사용할 수 있다. 또한, 컴퓨터 웹 브라우저에 접속하여 조작하기 때문에 인터넷이 가능한 곳이라면 언제 어디서든 조작할 수 있다.

▼ 그림 1-6 전문가가 아니어도 사용할 수 있는 AWS

1.1.6 한국어와 한국 원화 결제가 가능하다

AWS 서비스의 대부분은 한국어를 지원한다. 요금의 경우 단가는 US달러로 표시되지만 한국 원화로 결제된다. 또한, 서울에 한국 전담팀을 도입하고 관련된 상담 창구가 개설되어 예산 견적이나 시스템 도입에 대한 상담도 할 수 있다. AWS 도입을 지원하는 APN(Amazon Partner Network) 파트너 기업도 있다. 이쪽 기업에 상담해 보는 것도 좋다. AWS가 공식 인증하는 최상위 프리미어 컨설팅 파트너는 한국 국내에 3개사(GS네오텍, 메가존클라우드, 베스핀글로벌)가 있다(2021년 3월 기준).

▼ 그림 1-7 AWS는 한국어와 한국 원화로 대응

1.1.7 보안 기준

AWS는 각국과 글로벌의 규정 준수, 즉 컴플라이언스(compliance)에 대해 인증 및 검증되어 있고, 법령, 규정, 프라이버시 기준을 준수하고 있다. 한국은 ISMS(한국 정보보호 관리체계) 인증을 취득하여 기준을 준수하고 있다.

▼ 그림 1-8 AWS는 국내외 보안 통일 기준을 준수

https://isms.kisa.or.kr/main/
ispims/intro/

https://aws.amazon.com/ko/
compliance/programs/

1.1.8 글로벌 확장이 쉽다

AWS는 서버를 설치하여 운영하는 데이터 센터를 전 세계 21개 리전(지역)의 66개 시설(가용 영역)에서 운영하고 있다. 따라서 글로벌로 확장할 경우에도 사이트 방문자 및 시스템 사용자가 지리적으로 가까운 리전에서 서비스를 시작할 수 있다. 한국에는 서울에 있다.

▼ 그림 1-9 데이터 센터를 여러 국가에 보유한 AWS

▶ AWS에서 시스템 운영에 필요한 서비스 전체를 빌릴 수 있다.

▶ AWS에는 다수의 서비스가 있으며, 조합하여 이용할 수 있다.

▶ 요금은 종량제이므로 사용한 만큼 지불한다.

▶ AWS는 기술을 잘 모르는 사람도 운영할 수 있는 구조를 갖추고 있어 전문가가 아니어도 사용할 수 있다.

1.2 AWS의 서비스: 165개 이상의 서비스 제공

AWS의 서비스는 165개 이상 존재하며 서비스할 수 있는 영역 또한 다양하다. 대표적인 서비스인 Amazon EC2와 Amazon S3뿐만 아니라 데이터베이스 서버와 네트워크, 머신 러닝, 로봇 개발에 대한 서비스도 제공하고 있다.

1.2.1 165개 이상의 서비스를 제공

AWS는 무려 165개 이상의 서비스를 제공한다. 이는 IT 전반과 관련된 인프라의 대부분을 제공하고 있다는 의미이다. 서버 및 네트워크를 시작으로 그에 필요한 소프트웨어와 보안을 위한 장치, 개발 도구, 계정 관리를 위한 장치 등 온갖 서비스를 사용할 수 있다. 아마존(Amzon.com)이 다양한 종류의 제품을 유통하는 것처럼 AWS도 IT와 관련된 인프라를 폭넓게 제공하고 있다.

▼ 그림 1-10 165개 이상의 서비스를 제공하는 AWS (출처: AWS 공식 홈페이지)

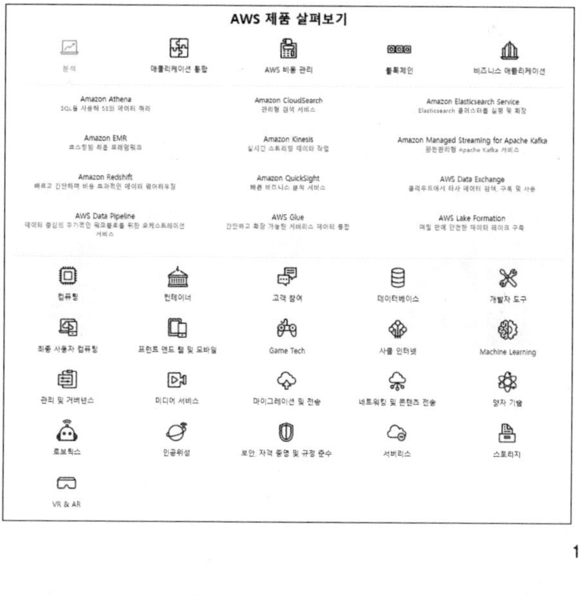

1.2.2 목적에 따라 다양한 서비스를 제공

AWS에서는 어떤 것들을 사용할 수 있을까? 하나만 사용할 수도 있고, 필요한 것들을 한 번에 세트로 사용할 수도 있다.

서버 전체, 관리에 필요한 기능 전체 외에도 분석 시스템이나 가상 데스크톱, 감시 도구, 로봇 개발에 필요한 도구도 사용할 수 있다. 또한, 머신 러닝이나 인공지능, 블록체인, 인공위성에 관련된 기술, 최첨단 기술도 곧 제공될 예정이다.

❤ 그림 1-11 목적에 따라 다양한 서비스를 제공한다

웹 서버를 구축하고 싶을 때

서버(EC2)
서버 OS(AMI)
IP 주소(Elastic IP)
스토리지(S3)
도메인(Route 53)
DB 서버(RDS)

모바일 시스템을 구축하고 싶을 때

애플리케이션 서버(EC2)
DB 서버(RDS)
통지 시스템(SNS)
스토리지(S3)
IP 주소(Elastic IP)
인증 서버(Cognito)

콘텐츠를 배포하고 싶을 때

서버(EC2)
캐시 서버(CloudFront)
IP 주소(Elastic IP)
도메인(Route 53)

IoT를 구축하고 싶을 때

API 서버(IoT Core)
DB 서버(DynamoDB/RDS)
분석 도구(ElasticSearch)

머신 러닝을 개발하고 싶을 때

머신 러닝 모델(Machine Learning,
　　　　　　SageMaker)
이미지 동영상 인식(Rekognition)
음성 인식(Transcribe, Lex)

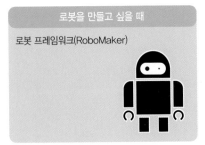

로봇을 만들고 싶을 때

로봇 프레임워크(RoboMaker)

개인적으로 어떤 것을 구축할 때 잠깐만 테스트하고 싶어도 필요한 사양을 전부 갖추지 않으면 테스트할 수 없다. 또한, 테스트가 끝난 후 테스트에 비용이 많이 들었거나, 혹시 다른 용도로 전환할 수 있지 않을까 고민되어 처분하기도 쉽지 않다.

AWS는 일상적으로 사용하는 기능 외에 '잠깐만 테스트해 보고 싶은 상황'일 때 매우 유용하다. 또한, 클라우드 컴퓨팅이라고 하면 웹 사이트 구축과 같은 이미지가 강하지만, 최근에는 사내 업무 시스템을 AWS로 구축하는 사례도 늘고 있다.

1.2.3 AWS에서 제공하는 서비스

AWS에는 다양한 서비스가 존재하기 때문에 자신이 사용하고 싶은 것이 어떤 서비스인지 잘 모를 수도 있다. 하지만 복잡한 구조가 아니라면 기본적인 서비스로 대응이 가능할 것이다.

AWS 중에서도 특히 대표적인 서비스를 몇 가지 열거해 본다. 이 서비스들은 자주 사용되므로 한 번쯤은 들어본 적이 있을 것이다.

 Amazon EC2

Amazon Elastic Compute Cloud (Amazon EC2)는 컴퓨팅 용량을 제공하는 서비스이다.
한마디로 말하면 서버, OS, 소프트웨어 등을 세트로 사용할 수 있다. 다양한 사양이 준비되어 있고 자유롭게 소프트웨어를 설치하고 시스템을 구축할 수 있으며 이미 세팅된 서버를 사용하는 것도 가능하다.
성능은 가변적이며 일시 정지 중에는 언제든 성능을 높이거나 낮출 수 있다.

 Amazon S3

Amazon Simple Storage Service (Amazon S3)는 오브젝트 스토리지 서비스이다. 웹 서버 및 파일 서버용 파일을 보관하는 장소(스토리지)로 사용할 수 있다.
S3는 강력하고 다양한 기능이 있어 장애 및 에러에 강할 뿐만 아니라 강력한 관리 기능이나 다른 서비스와 연동하는 기능도 갖추고 있다.
파일 크기는 최대 5TB이며, 전체 용량의 제한은 없다.

Amazon VPN

Amazon VPN은 AWS 계정 전용의 가상 네트워크이다. 네트워크 및 서브넷의 범위, 라우팅 테이블 및 네트워크 게이트웨이 등을 설정하고, 가상 네트워크 환경을 구성한다.

 Amazon RDS

Amazon RDS는 관계형 데이터베이스의 대표라고 할 수 있는 6종류(Amazon Aurora, PostgreSQL, MySQL, Maria DB, Oracle Database, SQL Server)를 클라우드에서 이용할 수 있는 서비스이다.

 Amazon Route 53

Amazon Route 53는 DNS(도메인 네임 서버)이다. 웹 서버에 필수인 DNS 기능을 제공한다.

 Elastic IP 주소

Elastic IP 주소는 서버에 필수인 정적 공인 IP 주소를 제공한다.
EC2 및 ELB와 조합하여 사용한다.

 Amazon Managed Blockchain

Amazon Managed Blockchain은 블록체인 네트워크를 생성, 관리할 수 있는 도구이다. 데이터 위조 및 변조를 확인하는 기반으로 이용할 수 있다.

 Amazon SageMaker

Amazon SageMaker는 머신 러닝 모델을 구축, 트레이닝, 배포할 수 있다. 머신 러닝에서 자주 사용되는 주피터 노트북(Jupyter Notebook)을 클라우드로 제공한다.

 AWS Cloud9

AWS Cloud9은 웹 브라우저로 조작이 가능한 통합 개발 도구이다. 각종 언어에 대응하고 컴퓨터에 개발 도구를 설치하지 않고 시스템을 개발할 수 있다.

 Amazon GameLift

Amazon GameLift는 게임 호스팅 서비스이다. 멀티플레이어 대전 등 실시간 데이터 통신을 짧은 대기 시간으로 제공한다.

1.2.4 그 밖에 대표적인 서비스

앞 장에서 소개한 서비스 외에도 무려 서비스 165개 이상을 제공하고 있기 때문에 모든 서비스를 소개할 수는 없다. 다음 표에서 대표적인 서비스를 소개하고 있으니 참고하기 바란다.

▼ 표 1-1 목적별 AWS 서비스

서버 관련	
Amazon EC2	가상 서버
Amazon Elastic Container Service	도커(Docker) 컨테이너의 실행과 관리
Amazon Lightsail	가상 서버와 네트워크 세트의 시작과 관리
AWS Batch	배치 작업 실행
Amazon VPC	네트워크 환경
Amazon API Gateway	웹 API 구축 서비스
Amazon CloudFront	콘텐츠 캐시 서비스(CDN)
Amazon Route 53	DNS 서비스
Amazon Direct Connect	AWS 네트워크에 전용선으로 접속
AWS Transit Gateway	VPC 간 서로 연결
Elastic Load Balancing(ELB)	부하 분산 장치
Amazon Simple Email Service(SES)	메일 서비스
Amazon GameLift	게임 호스팅 서비스
AWS Amplify	모바일 애플리케이션과 웹 애플리케이션의 구축과 배포

미디어	
Amazon Elastic Transcoder	미디어 변환 서비스
AWS Elemental MediaLive	라이브 비디오 콘텐츠 변환
AWS Elemental MediaPackage	동영상 배포 패키지

스토리지

Amazon Simple Storage Service(S3)	범용적인 클라우드 스토리지
AWS Transfer for SFTP	SFTP 서비스
Amazon Elastic Block Store(EBS)	EC2에 사용하는 스토리지
Amazon FSx for Windows 파일 서버	윈도(Windows) 파일 시스템 서비스
Amazon S3 Glacier	S3의 장기 보존 서비스
AWS Backup	백업 서비스

데이터베이스

Amazon Aurora	아마존에 의해 최적화된 고성능 RDS
Amazon DynamoDB	NoSQL 데이터베이스
Amazon DocumentDB	몽고디비(MongoDB) 호환 도큐먼트 데이터베이스
Amazon ElastiCache	인 메모리 캐시 시스템
Amazon RDS	관계형 데이터베이스

보안

AWS Identity and Access Management(IAM)	사용자 기능
Amazon Cognito	애플리케이션 인증 기능을 제공하는 서비스
Amazon GuardDuty	위협 감지
AWS Certificate Manager	인증서 생성
AWS Firewall Manager	방화벽 통합 관리
AWS WAF	웹 방화벽 기능

데이터 집계, 분석

Amazon Athena	S3에 보존한 데이터의 집계 서비스
Amazon Redshift	대용량 데이터의 집계 서비스
Amazon Kinesis	실시간 비디오 및 데이터 스트리밍 분석
Amazon Elasticsearch Service	로그 및 모니터링, 보안 등의 분석 서비스

애플리케이션 연계	
AWS Step Functions	순차적으로 프로그램을 실행하는 기능
Amazon Simple Queue Service(SQS)	애플리케이션 사이를 연동하는 대기열 서비스
Amazon Simple Notification Service(SNS)	애플리케이션 간에 알림 메시지를 송신하는 서비스

머신 러닝	
Amazon SageMaker	머신 러닝 모델 구축, 트레이닝, 배포
Amazon Lex	음성 및 텍스트 챗봇의 구축
Amazon Polly	텍스트를 음성으로 변환
Amazon Textract	문서에서 텍스트나 데이터를 추출
Amazon Translate	언어 번역
Amazon Transcribe	자동 음성 인식

IoT	
AWS IoT Core	IoT 디바이스를 클라우드에 연결하기 위한 기본 서비스
Amazon FreeRTOS	마이크로컨트롤러를 위한 실시간 OS
AWS IoT Button	클라우드로 프로그래밍 가능한 대시 버튼
AWS IoT Things Graph	디바이스 및 웹 서비스를 상호 접속하는 서비스

클라이언트를 위한 서비스	
Amazon WorkSpaces	가상 데스크톱 환경
Amazon AppStream 2.0	데스크톱 애플리케이션을 웹 브라우저로 스트리밍
Amazon WorkLink	사내 웹 사이트에 모바일 접속 가능

개발 도구

개발 도구	
AWS Cloud9	웹 브라우저로 조작 가능한 통합 개발 도구
AWS CodeBuild	프로그램 빌드 및 테스트 도구
AWS CodeCommit	프라이빗 깃(Git) 리포지토리 관리 서비스
AWS CodeDeploy	개발한 프로그램을 배포하는 도구
AWS CodePipeline	개발한 도구를 빌드에서 배포까지 자동화하는 도구
AWS CodeStar	빌드에서 배포까지 세트로 제공하는 도구
AWS 명령줄 인터페이스	명령줄로 AWS를 조작하는 도구

비용 관리	
AWS Cost Explorer	비용과 사용 상태 분석
AWS Budgets	예산을 설정하고 초과할 경우 알림

요약

▶ AWS에는 서비스가 165개 이상 있다.

▶ AWS는 목적에 따라 다양한 서비스를 제공한다.

1.3 AWS의 비용: 초기 비용은 저렴 하지만 운영 비용이 조금 비싸다

AWS의 비용은 어떨지 궁금할 것이다. 대부분의 서비스가 종량제 형태로 되어 있으며 계산 방법이 조금 복잡하다. 따라서 비용을 계산하는 도구나 비용을 관리하는 서비스도 제공하고 있다.

1.3.1 사용한 만큼 지불하는 종량제

AWS는 서비스에 따라 요금 체계가 다르다. 하지만 대부분의 공통적인 서비스에는 종량제를 도입하고 있어서 '사용한 서비스 1개당 금액 + 사용한 분'의 과금 형태가 많다.

따라서 '앞으로 증가할 걸 대비해서 여유 있게 사용하자', '이벤트 때 액세스가 증가하니까 이를 대비해서 확보해 두자'처럼 향후에 필요하지만 지금은 필요 없는 자원을 확보해 둘 필요가 없다. 최소로 필요한 만큼만 준비해서 시작하고 필요할 때 늘리면 된다.

소속된 조직에 따라서는 종량제로 예산을 잡기 어려울지도 모른다. 이럴 경우 어림 계산해서 진행하는 경우가 많다. 즉, 불필요한 자원을 사용할 필요가 없기 때문에 비용이 절감된다. 또한, 나중에 증설이 가능하므로 '앞으로 어느 정도 필요할 것인가'를 예측할 필요도 없다.

▼ 그림 1-12 대부분의 서비스가 종량제

4월　　5월　　6월

사용할 만큼 임대한다

요금은 사용한 만큼 지불한다

1.3.2 대표적인 요금 체계

이 책에서는 각 서비스를 설명하면서 요금을 계산하는 방법도 같이 소개하고 있다. 종량제이기 때문에 항목별로 산출한 금액을 합산하는 방식이 대부분이다.

▼ 표 1-2 대표적인 서비스별 요금 체계의 예

서비스	요금 체계
Amazon EC2	① 인스턴스 사용량(가동한 시간 X 단가) + ② EBS 요금(용량 X 단가) + ③ 통신료 + ④ 그 외에 옵션
Amazon S3	① 보존 용량 + ② 전송량
Amazon RDS	① 스토리지 요금 + ② DB 인스턴스 요금 + ③ 백업 스토리지 요금 + ④ 통신량
Amazon CloudWatch	① 매트릭스(단가 X 건수) + ② API(단가 X 요청한 매트릭스 수) + ③ 대시보드(단가 X 개수) + ④ 알림 + ⑤ 로그(단가 X 데이터 처리량) + ⑥ 이벤트(단가 X 건수)
Amazon EBS	① 용량 X ② 단가
Elastic IP	① 주소 1개 추가당 단가 X 시간 + ② 실행 중 인스턴스와 관련되지 않은 주소 1개당 단가 X 시간 + ③ 한 달간 100개를 초과하는 매핑 건수 X 단가
DynamoDB	① 단가 X 100만 단위 + ② RCU 및 WCU 단위 + (데이터 스토리지 및 백업, 데이터 송신 각각의 단가 X GB)

※ 인스턴스는 1대, 2대와 같이 대수 단위를 말한다.

1.3.3 AWS 요금 산출 방법

AWS 요금은 서비스에 따라서 계산하는 방법이 다르지만, 대표적인 서비스인 Amazon EC2로 계산해 보자.

Amazon EC2의 요금 산출 방법은 '① 인스턴스 사용량(가동 시간 × 단가) + ② EBS 요금(용량 × 단가) + ③ 통신료 + ④ 그 외 옵션'이다. t3.micro(2vCPU, 1GiB 메모리) 인스턴스(개발 용도 및 소규모 실 서비스에 충분한 사양)를 선택하고, 30GB SSD 스토리지, 네트워크는 150GB/월 정도(일반적인 웹 서버에는 충분한 용량), 옵션은 '없음'으로 가정하자.

▼ 그림 1-13 EC2 요금 산출 방법

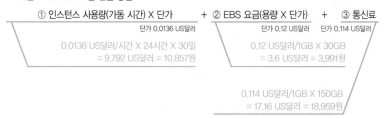

위 그림을 참조하면 합계 33,807원 정도인 것을 알 수 있다. 항목이 복잡해서 처음에는 익숙하지 않을 수도 있지만 요금을 계산하는 도구(https://calculator. s3.amazonaws.com/index.html)도 있으니 잘 사용해 보자. 또한, 단가는 US 달러로 표시되지만 실제 결제는 신용카드의 한국 원화로 결제된다.

1.3.4 AWS 요금의 장점과 단점

'종량제이므로 사용한 만큼 결제하면 된다'라고 생각하면 굉장히 싸다고 느낄지도 모르겠지만 꼭 그렇지만은 않다. 초기 비용(이니셜 코스트)이 들지 않는 대신 운영 비용(러닝 코스트)이 들기 때문에 경우에 따라 정액제 임대나 자사에서 준비하는 편이 저렴할 수도 있다. 또한, 아무리 종량제라고 해도 최저 요금이 있는 요금 체계도 있고, 사용하는 서비스 1개당 요금이 발생하는 체계도 있다.

이벤트나 캠페인과 같이 돌발적으로 접속 수가 늘어나는 웹 사이트의 경우는 AWS의 유연성이 큰 장점이 되지만, 그다지 변동이 없는 시스템은 이점이 없을 지도 모른다. 이와 같이 변화가 없는 경우 비용 절감에 주목해야 할 것은 종량 제보다 인건비의 축소일 것이다.

AWS는 운영에 대한 부분을 맡길 수 있기 때문에 관리하는 사람이 없어도 된다. 또한, 기술적 지식이 부족해도 사용할 수 있는 서비스가 많기 때문에 전문적인 지식이 필요하지도 않다. 회사가 전문적인 기술자를 육성하고 지속적으로 고용 해야 하는 것까지 전체적으로 생각한다면 저렴하다. 특히 서버나 네트워크 담당 자가 없는 회사나 그다지 업무가 많지 않은 회사인 경우에는 유용할 것이다.

❤ 그림 1-14 AWS 요금의 장점

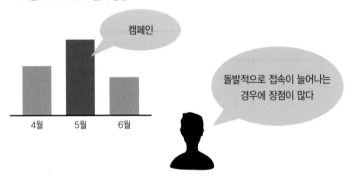

프리티어와 AWS Billing and Cost Management

AWS에는 쉽게 시작할 수 있도록 프리티어가 준비되어 있다(https://aws.amazon.com/ko/free/). 예를 들면 소규모 EC2 인스턴스(가상 서버) 1대와 RDS 인스턴스(데이터베이스) 1대, 5GB의 S3(스토리지) 등을 12개월 동안 무료로 사용할 수 있으므로 다양한 시스템을 구현하고 테스트해 볼 수 있다.

AWS Billing and Cost Management에서 발생한 총액이나 서비스별 요금 점유 비율 등을 확인하여 월말에 요금이 얼마인지 예측할 수 있다. 또한, 예산을 설정해두면 초과했을 경우 메일 등으로 통지받을 수도 있다.

▶ AWS 요금은 사용한 만큼 지불하는 종량제이다.

▶ 경우에 따라서는 자사에서 준비하는 것이 저렴할 수도 있다.

▶ 돌발적으로 접속 수가 늘어나는 경우에는 AWS를 사용하는 게 더 이득이다.

1.4 AWS의 사용 방법: 누구라도 쉽게 서비스를 이용할 수 있다

AWS는 관리 콘솔과 매니지드 서비스를 제공하는데 이는 누구라도 쉽게 서비스를 사용할 수 있는 구조로 되어 있다. 또한, 보안적으로 안심할 수 있는 기능도 갖추고 있다.

1.4.1 서비스를 이용하기 쉬운 구조

AWS의 특징이라고 하면 대부분 요금 체계일 거라 생각하지만, 사실 전문가가 불필요하다는 점도 큰 장점이다. AWS는 전문가가 아니어도 쉽게 조작할 수 있도록 다양한 기능을 갖추고 있다. 관리 콘솔과 매니지드 서비스가 대표적인 기능이다. 서버나 네트워크는 특별한 조작이 필요하고 잘 관리해야 하지만, AWS는 이 두 가지 기능으로 쉽게 다룰 수 있다.

▼ 그림 1-15 관리 콘솔과 매니지드 서비스

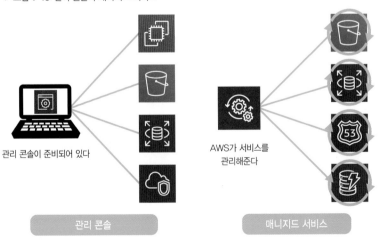

관리 콘솔이 준비되어 있다

AWS가 서비스를
관리해준다

관리 콘솔

매니지드 서비스

1.4.2 관리 콘솔

관리 콘솔은 웹 브라우저의 GUI(Graphical User Interface)로 AWS를 조작하는 화면이다. 서비스별로 고유 화면(대시보드)이 있어서 서비스 설정, 운영할 리전 선택, AWS 계정 관리, 필요한 서비스나 리소스 그룹의 검색과 사용, AWS 자료 열람 등 다양하게 관리할 수 있다.

❤ 그림 1-16 관리 콘솔

관리 콘솔

- 사용자 및 그룹 만들기
- 권한 및 보안 설정
- 각종 서비스의 구성 변경
- 서버 및 데이터베이스의 시작, 종료
- 백업

(출처: AWS 공식 홈페이지)

1.4.3 매니지드 서비스

매니지드 서비스는 AWS가 관리하는 서비스의 통칭이다. 가상 서버인 Amazon EC2(4.1절 참조)는 매니지드 서비스가 아니지만 스토리지인 Amazon S3(5.1절 참조), DB 서버인 Amazon RDS(7.2절 참조) 등이 대표적인 매니지드 서비스이다. 매니지드 서비스는 백업 및 업데이트가 자동으로 이루어진다. 관리자가 수동으로 할 필요가 없기 때문에 관리 부담이 줄어든다.

특히 Amazon S3의 경우는 관리자가 설정하지 않아도 스토리지 용량이 자동으로 증가하기 때문에 상당히 편리하다. 대신 업데이트하고 싶지 않은 소프트웨어가 업데이트되거나 예상 이상으로 스토리지 용량이 커져서 요금이 발생할 수 있기 때문에 완전히 신경을 안 쓸 수는 없다. 하지만 작업이 필요 없다는 점만으로도 부담이 크게 줄어든다.

▼ **그림 1-17** 매니지드 서비스

 매니지드 서비스

- 자동 백업
- 자동 알림
- 모니터링
- 패치 관리
- 보안
- 장애를 대비한 이중화(같은 시스템을 여러 개 준비해서 장애 시 서비스가 멈추는 것을 방지하는 것)

1.4.4 보안적으로도 안심할 수 있는 구성

'클라우드는 왠지 보안적으로 불안하다'라고 생각하는 사람도 있을 것이다. 온프레미스(자사가 서버 등 인프라를 보유, 관리하고 운영하는 것)와 임대, 클라우드 중에서 어떤 것이 보안적으로 우수한지 비교하는 것은 어려운 문제이다. 온프레미스의 경우는 '자사의 기준'이 있기 때문이다.

서버를 안정적으로 운영하려면 방화벽(부정 통신을 차단하는 구성)으로 막거나 OS나 소프트웨어를 업데이트하여 취약성(보안적으로 문제가 될 수 있는 잠재적인 프로그램의 결함)을 막는 등 일상적인 보안 대책이 필수적이다. 보안 의식이 높은 관리자가 운영하는 경우는 괜찮지만, 노하우가 없는 사람이 운영할 경우 작업에 실수가 발생하거나 장기간 업데이트를 하지 않고 방치하는 등 위험한 상태가 된다.

한편, AWS의 매니지드 서비스는 소프트웨어 업데이트와 같은 운영 업무를 자동화할 수 있기 때문에 항상 안전한 상태로 운영할 수 있다. 또한, 각종 기준을 충족하게끔 운용되므로 '일정 수준'을 기대할 수 있다. 자사에 제대로 관리할 수 있는 전문가가 없다면 AWS가 압도적으로 보안이 안전하다고 할 수 있다.

▼ 그림 1-18 안전한 AWS

요약

▷ 관리 콘솔로 AWS를 웹 브라우저에서 운영할 수 있다.

▷ 매니지드 서비스로 각 서비스를 자동으로 관리할 수 있기 때문에 보안적으로도 안심할 수 있다.

1.5

AWS의 도입 사례: 대기업이나 정부기관에서 도입하는 경우도 다수

AWS는 어떤 경우에 도입될까? 도입 사례로 큰 프로젝트가 자주 소개되지만, AWS의 장점은 그것만이 아니다. 자사에 도입한다면 어떤 형태가 될 것인지 살펴보자.

1.5.1 국내에도 많은 기업이 도입하고 있다

국내에도 AWS 도입 사례는 늘어나고 있다. AWS 공식 사이트(https://aws. amazon.com/ko/blogs/korea/now-available-aws-korean-customer-cases/)에도 많은 기업의 도입 사례가 소개되어 있다.

AWS는 다양한 서비스를 제공하고 있어서 도입 사례도 다양하다. 대표적인 서비스인 Amazon EC2나 Amazon S3의 도입 사례도 있고, 빅데이터 및 로봇 프레임워크를 사용하는 경우도 있다. 또한, 개인 및 스타트업 기업부터 엔터프라이즈 기업까지 폭넓은 고객이 도입하고 있다.

AWS를 도입한다고 해서 모든 것을 AWS로 할 필요는 없다. 다른 임대 서비스 및 자기 소유의 인프라와 조합하는 것도 좋다. 어떻게 도입하는 것이 적합한지 잘 검토하는 것이 중요하다.

예를 들어 현대 건설 기계는 Hi-MATE 애플리케이션을 AWS로 이관했다. APN 파트너인 베스핀글로벌과 함께 Amazon S3를 사용해 빅데이터 플랫폼과 데이터 레이크를 구축하고 Amazon SageMaker를 사용하여 수요 예측 시스템을 구축했다. 이로 인해 현대 건설 기계는 75%의 정확도로 건설 장비에 대한 수요를 예측했다.

▼ 그림 1-19 다수 기업에서 다양한 용도로 AWS를 도입하고 있다

웹 사이트, 콘텐츠 배포

웹, 모바일 애플리케이션

기간, 업무 시스템

분석

빅데이터 활용

백업, 재난 대책

스타트업 기업

정부, 교육기관

엔터프라이즈 기업

금융, 증권 서비스

1.5.2 도입 사례 ①: 소규모 블로그 사이트

워드프레스(WordPress)를 이용한 소규모 블로그 사이트의 예이다. 웹 서버와
DB 서버로 구성되어 있고, 웹 서버에는 워드프레스가 설치되어 있다.

▼ 그림 1-20 소규모 블로그 사이트의 예

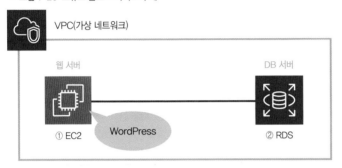

> **① EC2 인스턴스(서버) X 1**
> 웹 서버로 사용한다. 워드프레스 소프트웨어를 설치한다.
>
> **② RDS 인스턴스(DB 서버) X 1**
> 일반적으로 다중 AZ(물리적으로 독립된 복수의 거점에서 운영하는 것)로 이중화를 구성한다.
> 워드프레스에 필요한 DB 서버로 사용한다.

※ VPC는 Amazon EC2, Amazon RDS를 사용하는 데 필요한 가상 네트워크이다.

1.5.3 도입 사례 ②: 중간 규모 EC 사이트

중간 규모 EC 사이트의 예이다. 웹 서버 2대로 구성하여 부하를 분산하고 상품
등록 서버, DB 서버, 이미지 · 동영상 서버가 분리되어 있다.

▼ 그림 1-21 중간 규모 EC 사이트의 예

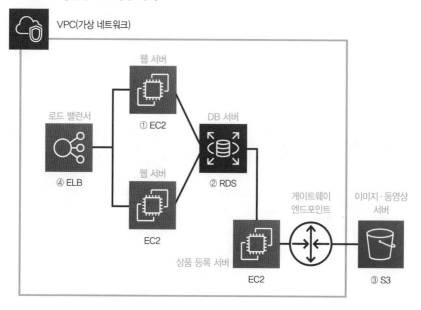

> ① EC2 인스턴스(서버) X 3
>
> 웹 서버 2대와 상품 등록 서버로 1대 사용한다.
>
> ② RDS 인스턴스(DB 서버) X 1
>
> 일반적으로 다중 AZ로 이중화를 구성한다. DB 서버로 사용한다.
>
> ③ S3 패킷(스토리지) X 1
>
> 이미지 · 동영상 서버로 사용한다.
>
> ④ ELB(로드 밸런서) X 1
>
> 로드 밸런서(4.9절 참조)로 사용한다.

※ VPC는 Amazon EC2, Amazon RDS, Amazon ELB를 사용하는 데 필요한 가상 네트워크이다.
Amazon S3는 VPC 외부에 있는 서비스이다.

1.5.4 도입 사례 ③: 업무 시스템

업무 시스템을 AWS로 구축한 예이다. 업무 시스템 서버 및 인증 서버, DB 서버, 파일 서버로 구성되어 있다.

▼ 그림 1-22 업무 시스템의 예

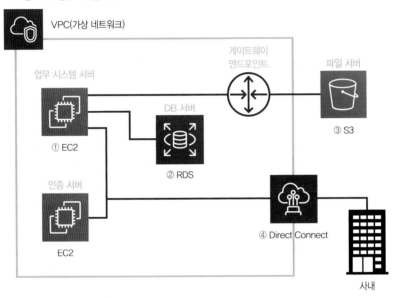

① EC2 인스턴스(서버) X 2
업무 시스템 서버와 인증 서버로 사용한다.

② RDS 인스턴스(DB 서버) X 1
일반적으로 다중 AZ로 이중화를 구성한다. DB 서버로 사용한다.

③ S3 패킷(스토리지) X 1
파일 서버로 사용한다. 연결은 게이트웨이 엔드포인트를 사용한다.

④ Direct Connect X 1
사내에서 접속 회선으로 사용한다.

※ VPC는 Amazon EC2, Amazon RDS를 사용하는 데 필요한 가상 네트워크이다. Amazon S3는 VPC 외부에 있는 서비스이다.

1.5.5 도입 사례 ④: 집계 시스템

EC 사이트의 상태를 집계하는 시스템이다. 웹 사이트에서 수집한 로그 및 매출 데이터를 저장하고, 집계·분석한 결과를 내보낸다.

▼ 그림 1-23 집계 시스템의 예

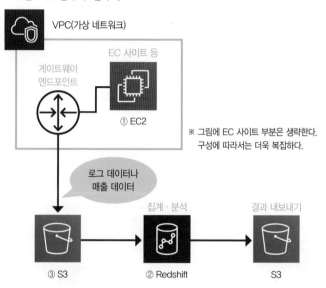

① EC2 인스턴스(서버) X 1
EC 사이트 등이다. 사이트 구성에 따라 다르다.

② Redshift(데이터 웨어하우스) X 1
집계·분석 서버로 사용한다.

③ S3 패킷(스토리지) X 2
로그의 저장 및 결과를 내보내는 대상으로 사용한다.

※ VPC는 Amazon EC2를 사용하는 데 필요한 가상 네트워크이다. Amazon S3는 VPC 외부에 있는 서비스이다.

1.5.6 도입 사례 ⑤: 게임 사이트에 온프레미스와 AWS를 병행하여 사용한 예

게임 사이트를 온프레미스에 구축한 서버와 AWS 서비스를 병행하여 사용한 예이다. 전부 AWS로 구성하면 시스템의 내용에 따라 비용이 올라간다. 그래서 고정 가능한 부분은 온프레미스에 구축하고 이벤트처럼 변동률이 높은 부분은 AWS에 구축하여 탄력성을 갖췄다.

▼ 그림 1-24 온프레미스와 AWS를 병행한 예

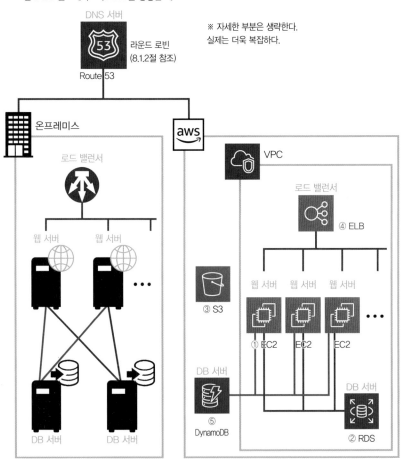

① EC2 인스턴스(서버) X 여러 대

웹 서버와 API 서버로 사용한다.

② RDS(DB 서버) X 여러 대

RDS 서버로 사용한다. 복제(replication)(5.9.3절 참조)하기 위해 여러 대인 경우가 많다.

③ S3 패킷(스토리지) X 여러 대

동영상이나 HTML의 정적 웹 서버로 사용한다. 로그 저장에도 필요하다.

④ ELB(로드 밸런서) X 1

로드 밸런서로 사용한다. 여러 대인 경우도 있다.

⑤ DynamoDB(DB 서버) X 여러 대

키 밸류 스토어형 DB로 사용한다.

※ VPC는 EC2 및 ELB, RDS를 사용하는 데 필요한 가상 네트워크이다. S3와 DynamoDB는 VPC 외부에 있는 서비스이다.

그 외에도 개발 서버를 몇 대든 쉽게 만들거나, 캠페인 사이트나 TV 설문 조사와 같이 일시적으로 부하가 많이 발생하는 사이트를 만들거나, 국내에 큰 재난이 발생해도 문제 없도록 해외에 백업할 수 있게 구성하거나, 굉장히 많은 계산 능력이 필요로 하는 머신 러닝을 구현할 때 등 다양한 사례가 있다.

요약

▸ 국내도 많은 기업이 AWS를 도입하고 있다.

▸ AWS를 어떻게 도입해야 할지 잘 검토하는 것이 중요하다.

1.6 AWS의 도입 방법: 계정을 만들고 로그인하면 된다

AWS는 웹 브라우저를 통해 쉽게 계약할 수 있다. AWS 계정을 만들고 각 서비스를 신청하면 완료된다. 하지만 AWS에 대한 지식이 전혀 없는 상태에서 이용하려면 조금은 어려울지도 모른다. 이번 장에서 조금씩 배워 가자.

1.6.1 계정을 만들고 로그인하기

AWS를 사용하려면 계정을 만들고 로그인해야 한다. 로그인 후 리전을 선택하고 서비스를 선택하여 조작한다. 서비스는 대시보드에서 조작할 수 있다.

❤ 그림 1-25 AWS를 사용하려면 계정을 만들어야 한다

AWS를 사용하기 위한 계정을 AWS 계정이라고 한다. 이메일 주소와 암호, 연락처, 결제에 사용할 신용카드를 등록하면 AWS 계정을 만들 수 있다. AWS 계정은 쇼핑에 사용하는 아마존 계정과는 다르다. 이 모든 조작은 PC의 웹 브라우저에서 인터넷을 통해 이루어지기 때문에 인터넷이 되는 곳이면 언제 어디서든지 접속하여 조작할 수 있다.

1.6.2 어떤 지식이 필요할까?

AWS는 전문적인 지식이 없어도 사용할 수 있다. 하지만 웹 사이트나 업무 시스템을 구축·운영하려면 어느 정도 지식이 필요하다. AWS가 지원하는 것은 어디까지나 실제 사용에 관한 기술적 부분이지, '얼마나 비용을 들일 것인가'와 같은 경영 기준이나 '어떻게 구성할 것인가'를 고민하는 설계 부분은 아니기 때문이다. AWS 상담 창구나 APN 파트너와 상담할 수는 있지만, 최종적으로 판단하는 것은 회사 책임자이다. 그렇기 때문에 중간 규모 이상의 웹 사이트나 업무 시스템을 구축·운영할 경우에는 이를 이해할 수 있는 인원이 회사에 있는 편이 좋고, 구축 책임자라면 네트워크나 서버의 기본적인 지식은 갖추고 있어야 한다.

❤ 그림 1-26 AWS를 사용하려면 기본적인 지식이 필요하다

지속적으로 출시하는 새로운 서비스와 AWS re:Invent

AWS는 변화가 빠른 서비스이다. 지속적으로 새로운 서비스가 출시되고 있다. 기존 서비스도 내용이 점점 변경된다. 거의 매주 새로운 기능이 추가된다고 해도 과언이 아니다.

그렇기 때문에 '지금까지 안 되었던 게 가능해지거나 지금보다 쉽게 사용할 수 있게 바뀌거나' 하는 경우가 자주 있다. AWS를 사용하기 시작한 초기에는 안 되었던 서비스가 수개월 후에는 상황이 바뀌는 경우도 있다. '구축했으니까 이걸로 끝'이 아니라 정기적으로 정보를 업데이트하는 것이 AWS를 잘 다루는 요령이다. 이는 AWS의 메인 서비스인 Amazon EC2나 Amazon S3도 마찬가지이다. 새로운 인스턴스 클래스가 계속해서 추가되고, Amazon EC2에 대응하는 Lightsail이 출시되어 Amazon S3의 기능도 크게 늘어나는 등 계속 변화한다.

새로운 서비스가 출시되는 한편 종료되는 서비스도 있다. 하지만 종료의 경우 비슷한 기능에 좀 더 편리한 새로운 서비스로 출시되는 경우가 많고, 대체 서비스를 찾기 쉬우므로 일단 대체 서비스가 새롭게 출시되지 않았는지 확인하는 편이 좋다.

또한, AWS의 새로운 변화는 AWS re:Invent에서 발표한다. AWS re:Invent란 AWS의 새로운 서비스를 발표하는 이벤트로 매년 11월 말에서 12월 초에 미국에서 개최된다. 유튜브(YouTube) 등에서 한국어 자막이 있는 영상도 볼 수 있으므로 최신 정보를 얻을 수 있다.

▼ 그림 1-27 AWS re:Invent

URL https://reinvent.awsevents.com/

2 [장]

AWS를 이해하기 위한 클라우드 & 네트워크의 구조

AWS를 이해하려면 컴퓨팅 및 네트워크에 대한 기초적인 지식을
빠뜨릴 수 없다. 이런 기본적인 지식을 이해해야 AWS를 사용할 때
적절한 서비스를 선택할 수 있다.

2.1 클라우드와 온프레미스: 클라우드 컴퓨팅의 구조

AWS는 클라우드 컴퓨팅을 제공하는 서비스이다. 그렇다면 도대체 클라우드란 무엇일까? 클라우드 컴퓨팅의 구조를 배우면서 온프레미스와의 차이점에 대해서도 생각해 보자.

2.1.1 클라우드란?

'AWS는 클라우드이다!'라고 하지만 도대체 클라우드란 무엇일까? 잘 모르는 사람도 많을 것이다. 클라우드란 언제, 어디서든 인터넷을 통해서 접속이 가능한 환경을 말한다. 클라우드 서비스의 대표적 주자로 마이크로소프트(Microsoft)의 Office365나 파일 스토리지 서비스, 음악 배포 서비스, 동영상 저장 서비스 등을 들 수 있다.

사용자는 이러한 서비스를 스마트폰이나 PC에서 인터넷으로 접속해 사용한다. 기존에는 개인 단말기에 설치한 소프트웨어나 저장한 데이터밖에 사용할 수 없었지만, 클라우드 환경에서는 인터넷상에 설치된 소프트웨어나 동영상·음악 등 자원을 사용할 수 있고 로컬 환경에 저장하는 것처럼 클라우드에 저장하는 것도 가능하다.

클라우드 환경은 스스로 만들 수 있고, 빌릴 수도 있다. 또한, 사업자가 제공하는 서비스를 이용하는 방법도 있다.

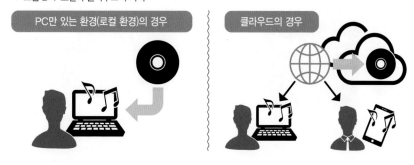

▼ 그림 2-1 로컬과 클라우드의 차이

PC만 있는 환경(로컬 환경)의 경우

클라우드의 경우

2.1.2 클라우드 컴퓨팅: 인프라를 통째로 빌린다

클라우드 중에서도 서버 및 네트워크 등 인프라 전체를 임대해 주는 서비스로 AWS 및 마이크로소프트 애저(Azure), 구글 클라우드 플랫폼(Google Cloud Platform)이 있다. 이와 같이 클라우드에 구축된 인프라를 활용하는 서비스나 이를 사용하는 것을 클라우드 컴퓨팅이라 한다. 일반적으로 클라우드라고 하면 이러한 클라우드 컴퓨팅을 말한다.

클라우드 컴퓨팅은 가상화 기술을 사용하여 언제 어디서든지 마음대로 서버나 인프라를 구축하여 운영할 수 있도록 구축되어 있다. 이를 이용할 때는 서버와 인프라를 대여하는 것이 주류이다. 하드웨어 및 네트워크 등 물리적인 설비를 직접 보유할 필요가 없기 때문이다.

▼ 그림 2-2 클라우드 컴퓨팅의 주요 서비스

Amazon Web Services(AWS)
https://aws.amazon.com/ko/

Google Cloud Platform
https://cloud.google.com/

Microsoft Azure
https://azure.microsoft.com/ko-kr/

LG CNS Cloud Service & Platform
https://www.lgcns.com/Platform/
CloudPlatfrom-CloudXper

2.1.3 온프레미스와 임대

클라우드라고 하면 '온프레미스에서 클라우드로'라는 말을 자주 들어 봤을 것이다. 온프레미스(on-premises)란 자사가 서버 등을 구축하는 것을 말한다. 이상하게 생각할지도 모르겠지만 데이터 센터에 서버를 두기만 해도 온프레미스이다. 소유권이 자사에 있기 때문이다. 임대 서버와 차이를 구분하기 어렵지만, 서버만 임대하는 것을 임대 서버라고 부르는 경우가 많다. 네트워크나 장소를 임대하는 경우는 온프레미스라 부른다.

온프레미스의 장점은 자사에서 자유롭게 설계 · 운영할 수 있다는 것이다. 그러나 그만큼 서버 구성을 빈번하게 변경해야 할 수도 있고, 이를 대비한 숙련된 기술자도 필요하다.

그렇다면 온프레미스의 반대말이 클라우드인가? 반대말이라고 생각하는 경우도 많지만 엄밀하게는 다르다. 온프레미스의 반대말은 오프프레미스(off-premiss)라고 말할 수도 있는데 좀 더 가까운 말은 임대나 공용이다. 자사가 소유·운영하지 않고 임대하거나 공공장소에 구축된 것을 사용하는 형태이다.

임대의 장점은 회사에서 직접 관리할 필요가 없다는 것이다. 기본적으로 제공하는 측이 모든 유지 보수를 실시하기 때문에 기술자를 갖출 필요가 없고 번거롭지도 않다. 단점은 제공하는 측의 규제를 지켜야 하는 것이다. OS 업데이트나 설치할 수 있는 소프트웨어, 구성 등에 제한이 있는 경우가 많고, 자유도와 비용이 비례하여 증가한다.

❤ 그림 2-3 온프레미스와 임대·공용은 대립되는 관계

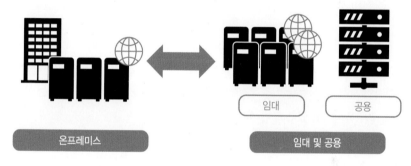

2.1.4 공용 클라우드와 사설 클라우드

왜 이렇게 말을 애매하게 하냐면 클라우드에는 공용 클라우드와 사설 클라우드가 있기 때문이다. 공용 클라우드란 AWS처럼 임대하는 클라우드이다. 한편 사설 클라우드는 자사에 구축하는 클라우드이다. 클라우드는 어디까지나 '인터넷으로 사용할 수 있는 IT 자산'에 지나지 않기 때문에 꼭 임대할 필요는 없다. 자사에서 구축할 수도 있다. 큰 개발 회사들은 임대하지 않고 사설 클라우드를 운영하는 곳도 있다.

'온프레미스에서 클라우드로' 전환할 경우 2가지 변화가 있는데, 하나는 자사 운영에서 임대로 바뀌는 것이고, 다른 하나는 비클라우드에서 클라우드로 바꾸는 것이다.

현재 환경과 AWS를 비교하면 각 특징을 알 수 있고, 이것이 어떤 변화인지 구분하여 자사에 맞는 형태를 선택하는 것이 중요하다.

▼ 그림 2-4 두 가지 변화

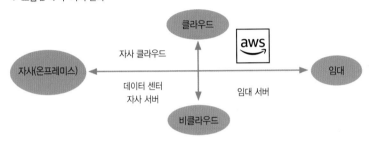

이처럼 온프레미스와 클라우드는 완전히 반대되는 말은 아니지만, 자사에서 물리적인 모든 것을 충당하는 체제에서 클라우드 환경을 임대하여 사용하는 체제로 크게 움직이고 있다고 이해하면 된다.

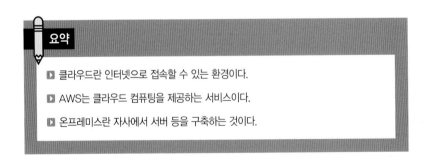

요약

▶ 클라우드란 인터넷으로 접속할 수 있는 환경이다.

▶ AWS는 클라우드 컴퓨팅을 제공하는 서비스이다.

▶ 온프레미스란 자사에서 서버 등을 구축하는 것이다.

가상화와 분산 처리:
클라우드를 지탱하는 2대 기술

클라우드를 지탱하는 주된 기술은 가상화와 분산 처리이다. 이 용어들을 한 번 쯤 들어본 적은 있어도 구체적으로 어떤 것인지 모르는 사람도 많을 것이다. 이 기술을 이해하면 클라우드 서비스를 이해하는 데 도움이 많이 된다.

2.2.1 가상화란

클라우드를 지탱하는 데 가장 중요한 기술이 가상화이다.

가상화라고 하면 홀로그램과 같이 어떤 '실체가 없는 것'을 만든다고 생각할지 도 모른다. 하지만 클라우드 컴퓨팅에서 가상화는 이와 다르다.

컴퓨터가 어떤 작업을 하려면 물리적인 메모리와 하드 디스크, OS 등 다양한 부품이 필요하다. 이를 소프트웨어로 대체하는 것이 가상화 기술이다.

서버를 예로 들어 생각해 보자. 가상 서버는 물리 서버 1대 위에 게스트가 되는 서버 여러 대를 가상으로 생성한다. 본래 서버에 필요한 물리적인 부품을 가상 으로 생성하여 가상 서버로 만드는 것이다.

네트워크의 경우도 마찬가지이다. 물리적 배선 1개를 가상으로 분할하여 다른 네트워크와 통합하거나 그 즉시 연결을 바꿀 수도 있다.

▼ 그림 2-5 가상화 구조

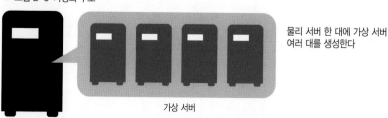

물리 서버 한 대에 가상 서버
여러 대를 생성한다

가상 서버

물리 서버

2.2.2 가상화를 통한 복제

가상 서버에 할당된 메모리와 스토리지는 자유롭게 늘리거나 줄일 수 있다. 그렇기 때문에 나중에 필요할 때 용량을 늘리거나 줄여 메모리와 스토리지의 성능을 조절할 수 있다. 하지만 가상 서버의 성능을 올리는 것은 한계가 있다.

성능을 한계까지 끌어올려도 부하가 발생할 때 서버 대수를 늘리지 않으면 대응할 수 없다. 물리적인 서버의 경우 1대를 늘리는 데 CPU와 메인보드, 메모리, 스토리지 등이 필요하다. 쉽게 말하면 서버(PC)를 1대 더 늘리는 것이다. 늘릴 때는 필요한 대수를 어느 정도 구매하지 않으면 안 되고, 줄일 경우는 처분해야 한다.

이럴 때 가상화가 유리하다. 소프트웨어처럼 구축하기 때문에 서버 복제가 쉽고 대수를 늘리거나 줄이기도 쉽다.

❤ 그림 2-6 가상화는 서버 복제가 쉽다

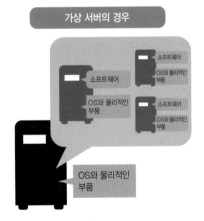

대수를 늘리려면 서버(PC) 자체가 여러 대 필요하다

물리 서버 한 대에 가상 서버 여러 대를 생성할 수 있다

2.2.3 분산 처리와 로드 밸런서

클라우드를 지탱하는 중요한 기술을 한 가지 더 들면 분산 처리이다. 분산 처리란 기기 여러 대에 분산하여 처리하는 방법을 말한다.

이 기술을 많이 사용하고 있는 것이 웹 사이트이고, 서버 여러 대에 분산하여 처리한다. 개인이나 일반적인 회사의 웹 사이트에서는 접속이 크게 집중될 일이 적지만, 어떤 캠페인을 한다든가 아마존과 같이 거대한 쇼핑몰 사이트일 경우에는 서버 한 대로는 처리할 수 없을 만큼 접속이 많이 발생하기도 한다.

이럴 때 같은 기능이나 정보를 가진 서버 여러 대에 분배하여 처리하면 서버 1대의 부담을 줄이고 서버가 응답할 수 없거나 다운되는 사태를 막을 수 있다.

서버 여러 대에 분배하는 장치를 로드 밸런서(LB)라고 한다. 로드 밸런서는 각 서버를 확인하여 부하를 분산한다. 경우에 따라서는 부하가 너무 높아진 서버를 분리하기도 한다. AWS는 로드 밸런서로 ELB(Elastic Load Balancing)를 제공한다.

❤ 그림 2-7 로드 밸런서

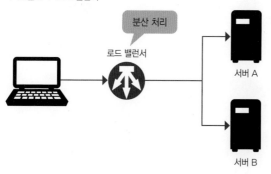

클라우드의 '언제든지 마음대로 서버나 인프라를 구축할 수 있다'는 특징은 가상화와 분산 처리에 의해 지탱되고 있다. AWS를 사용할 때 이러한 개념을 알고 있으면 좀 더 적절한 서비스를 선택할 수 있다.

이중화란 시스템이나 서버에 문제가 생겨도 계속 가동할 수 있도록 조치하는 것을 말한다. 백업하거나 여러 대를 운영하는 것이 일반적이다.

가상화나 분산 처리 방식은 이러한 이중화에도 크게 도움이 된다. 서버 여러 대를 구축하는 것은 그것만으로도 백업이 되고, 분산 처리를 해두면 서버 한 대에 문제가 생겨도 다른 서버에 의해 기능이 유지된다.

▼ 그림 2-8 서버의 이중화

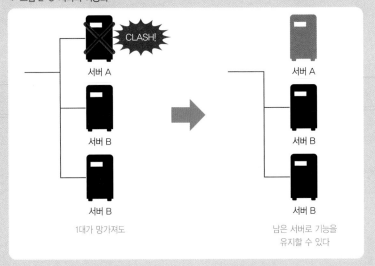

요약

▶ 가상화와 분산 처리는 클라우드를 지탱하는 큰 기술이다.

▶ 가상화는 소프트웨어처럼 구축하는 기술이다.

▶ 분산 처리는 서버 여러 대에 분산하여 처리하는 기술이다.

▶ 가상화나 분산 처리는 이중화에도 사용된다.

2.3 SaaS, PaaS, IaaS: 클라우드의 서비스 제공 형태

어느 수준까지 서비스가 제공되는지에 따라서 클라우드 서비스는 SaaS, PaaS, IaaS 3가지로 구분된다. 제공하는 수준에 따라 조작 난이도와 자유도는 상관관계가 있기 때문에 어떤 형태가 바람직한지 생각해 보자.

2.3.1 SaaS, PaaS, IaaS

클라우드를 말할 때 자주 사용되는 용어가 SaaS, PaaS, IaaS이다. 이는 서비스를 '어느 수준까지 제공하는가'를 분류해 놓은 것이다.

가장 익숙한 것은 SaaS(Software as a Service)일 것이다. SaaS는 인프라나 플랫폼(OS)뿐만 아니라 애플리케이션까지 제공한다. 구체적으로 SNS나 블로그 서비스, 웹 메일 서비스 등을 들 수 있다. 구글의 G Suite나 파일 스토리지 서비스인 드롭박스(Dropbox)도 SaaS에 해당한다.

PaaS(Platform as a Service)는 플랫폼까지만 제공한다. OS가 설치된 서버에 사용자가 애플리케이션 등을 설치해서 사용해야 한다. 이른바 임대 서버가 이에 해당한다.

IaaS(Infrastructure as a Service)는 인프라만 제공한다. 즉, 네트워크나 서버 머신 등을 제공한다.

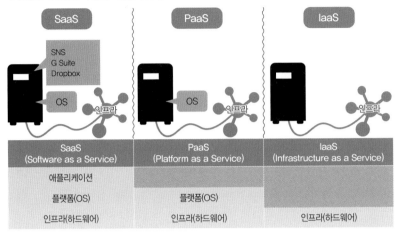
▼ 그림 2-9 SaaS · PaaS · IaaS의 차이

SaaS (Software as a Service)	PaaS (Platform as a Service)	IaaS (Infrastructure as a Service)
애플리케이션		
플랫폼(OS)	플랫폼(OS)	
인프라(하드웨어)	인프라(하드웨어)	인프라(하드웨어)

이러한 SaaS, PaaS, IaaS를 통칭하는 말이 있다. EaaS(Everything as a Service)이다. XaaS라고도 한다. 네트워크를 통한 통신부터 소프트웨어까지 제공하는 서비스이다. 말 그대로 AWS는 EaaS라고도 할 수 있다.

2.3.2 3가지 서비스의 특징

3가지 서비스는 각각의 특징이 있다. 인프라나 애플리케이션이 제공되는 것이 편리한 반면 자유도가 낮아진다. 반대로 자유도가 높을수록 작업이 어렵다. 이러한 특징을 잘 이해하고 선택하자.

▼ 그림 2-10 3가지 서비스의 차이

SaaS	PaaS	IaaS
• 편리한 반면 자유도가 낮다. • 바로 사용할 수 있기 때문에 작업량이 적다. • 특별한 지식이 필요 없다. • 단말기 외에 준비할 것이 없다.	• 애플리케이션을 마음대로 설치할 수 있지만 대응하지 않는 애플리케이션도 있다. • 서버 관리에 대한 지식이 필요하다. • 경우에 따라서는 애플리케이션을 준비해야 할 필요가 있다.	• 사용하려면 세팅이 필요하다. • 서버 관리에 대한 지식이 필요하다. • 경우에 따라서는 애플리케이션을 준비해야 할 필요가 있다.

편리하다 ◀——————————————▶ 자유도가 높다

▶ SaaS는 애플리케이션까지 제공한다.

▶ PaaS는 플랫폼까지 제공한다.

▶ IaaS는 인프라만 제공한다.

2.4 서버와 인스턴스: 네트워크상에 만들어진 가상 서버

현재는 서버 없이 구축된 시스템이 없다고 해도 과언이 아닐 정도로, 서버는 시스템의 핵심을 담당하고 있다. 서버의 종류와 특징, AWS에서 제공하는 형태에 대해 설명한다.

2.4.1 서버란

AWS의 대표적인 서비스라고 하면 Amazon EC2(Elastic Compute Cloud)일 것이다. Amazon EC2는 간단히 말하면 서버를 임대하는 서비스이다. 서버란 Server의 이름 그대로 어떠한 서비스를 제공하는 것을 말한다. 주변의 예를 들면 맥주를 제공하는 것은 '맥주 서버'이다. 이와 마찬가지로 웹 서버라면 웹 기능, 메일 서버라면 메일 기능을 제공하는 것을 의미한다. 제공하는 서비스의 종류에 따라서 'OO 서버'라고 한다.

'OO 서버'의 기능은 소프트웨어로 제공된다. 서버 기능을 갖춘 컴퓨터(물리적인 서버 머신)는 평소에 사용하는 PC와 마찬가지로 OS가 동작하고 그 위에 소프트웨어가 동작한다. 웹 서버용 소프트웨어를 설치하면 웹 기능을 갖게 되고, 메일 서버용 소프트웨어를 설치하면 메일 기능을 갖게 된다. 즉, 'OO 서버를 만드는 것'은 'OO용 소프트웨어를 설치하고 그 기능을 갖추는 것'과 같다고 생각해도 좋다.

▼ 그림 2-11 어떠한 서비스를 제공하는 것을 서버라고 한다

맥주를 제공한다=
맥주 서버

웹 기능을 제공한다=
웹 서버

데이터베이스 기능을 제공한다=
데이터베이스 서버

2.4.2 서버는 같이 사용할 수 있다

컴퓨터 한 대에 'OO 서버'의 기능만 사용한다고는 할 수 없다. 컴퓨터 한 대에 'OO 서버' 여러 대를 같이 사용하는 것도 가능하다. 소프트웨어가 기능을 갖고 있기 때문에 소프트웨어 여러 개를 설치하면 되는 것이다.

웹 서버와 메일 서버를 같은 컴퓨터에 설치하는 경우도 있다. 이는 웹 서버 겸 메일 서버가 된다.

컴퓨터 한 대에 'OO 서버'의 기능을 몇 개까지 설치할 수 있는지 제한은 없지만, 너무 많이 설치하면 성능이 떨어지게 된다. 또한, 장애가 발생했을 때 모든 기능이 멈춘다. 따라서 실제 운영할 때는 컴퓨터 한 대에 소프트웨어 여러 개를 같이 사용하는 경우는 별로 없다.

❤ 그림 2-12 컴퓨터 한 대에 서버 여러 개를 같이 사용할 수도 있다

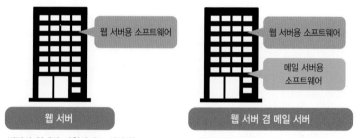

서버는 빌딩의 임대와 마찬가지로 설치하는
소프트웨어에 따라 기능이 정해진다

컴퓨터 한 대에 서버 기능 여러 개를 갖는
경우도 있다

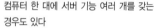

COLUMN '기능으로서의 서버'와 컴퓨터를 구분하자

조금 애매하긴 하지만 서버를 설치하는 컴퓨터 자체도 '서버'라고 한다. '기능으로서의 서버'
와 서버 기능을 설치하는 '물리적인 컴퓨터로서의 서버'는 구분하도록 하자.

2.4.3 대표적인 서버

다음 표에 대표적인 서버를 열거했다. 가볍게 읽어 두자.

❤ 표 2-1 대표적인 서버와 특징

서버	특징
웹 서버	웹 사이트의 기능을 제공하는 서버이다. HTML 파일이나 이미지 파일, 프로그램 등을 저장한다. 클라이언트의 웹 브라우저로 접속하면 이러한 파일을 제공한다. 대표적인 소프트웨어는 Apache, Nginx, IIS 등이 있다.
메일 서버	메일의 송수신을 담당하는 SMTP 서버와 클라이언트에 메일을 수신하는 POP 서버가 있다. 이 두 가지를 합쳐서 메일 서버라고 부르는 경우가 많고 메일을 내려받지 않고 서버에 둔 채로 읽는 IMAP4 서버도 있다. 대표적인 소프트웨어는 Sendmail, Postfix, Devecot 등이 있다.
데이터베이스 서버	검색하기 위한 데이터를 저장하는 서버이다. 대표적인 소프트웨어는 My SQL, PostgreSQL, MariaDB, SQLServer, Oracle Database 등이 있다.
파일 서버	파일을 저장하여 공유할 때 사용하는 서버이다. 대표적인 소프트웨어는 Samba가 있다.
DNS 서버	IP 주소와 도메인을 변환하는 DNS 기능을 가진 서버이다.
DHCP서버	IP 주소를 자동적으로 분배하는 서버이다.
FTP 서버	FTP 프로토콜을 사용하여 파일을 송수신하는 서버이다. 웹 서버와 같이 구축하는 경우가 많고 파일을 업로드하거나 다운로드하는 데 사용한다.
프록시 서버	통신을 중계하는 역할을 가진 서버의 통칭이다. 사내 LAN과 같이 인터넷과 격리된 장소에서 인터넷으로 서버에 접속할 때 사용한다. 또한, 프록시 서버를 통하면 접속한 대상에게 자신이 어디서 접속하는지를 숨길 수 있기 때문에 자신이 접속한 장소를 숨기고 싶은 경우에도 사용한다.
인증 서버	사용자 인증을 하기 위한 서버이다. 윈도(Windows) 네트워크에 로그인하기 위한 Active Directory라는 서버나 무선 LAN, 원격으로 접속할 때 사용자 인증을 하는 Radius 서버 등이 있다. 대표적인 소프트웨어는 OpenLDAP, Active Directory 등이 있다.

2.4.4 서버에 필요한 요소

서버 기능을 설치하는 컴퓨터(서버 머신)는 특별한 컴퓨터가 아니다. 서버와 보통 사용하는 PC(클라이언트)의 차이다. 역할이 다를 뿐 기계가 다른 것은 아니다.

따라서 노트북이나 데스크톱과 마찬가지로 CPU 및 메모리, 메인보드, 스토리지(HDD나 SSD)가 있고, OS가 있다. 마음만 먹으면 평소에 사용하던 PC를 서버로 사용하는 것도 가능하다.

하지만 서버용 PC는 서버용으로 사용하기 쉽게 구성되어 있다. 24시간 가동하는 것을 전제로 하기 때문에 불필요한 기능은 생략하고 잘 고장나지 않는 부품으로 구성되어 있다.

❤ 표 2-2 컴퓨터를 구성하는 요소

항목	내용
CPU	PC의 두뇌라고 할 수 있는 부품이다. 제어 · 연산 등의 처리를 한다. 프로그램 실행은 CPU가 담당한다.
메모리(메인 메모리)	일시적인 기억 장치이다. CPU에는 기억 장치가 없기 때문에 프로그램을 실시할 때 데이터의 저장 장소로 사용한다. 사용자가 입력한 데이터, 파일 읽기, 네트워크 통신 읽기 등을 처리한다.
메인보드	전자 회로 기판이다. CPU 및 메모리, 스토리지를 연결한다.
스토리지	보조 기억 장치로, HDD나 SSD 등이 있다. 메모리에 저장된 내용은 전원이 꺼지면 지워지기 때문에 영구적으로 남기고 싶은 데이터는 스토리지에 저장한다.
OS	컴퓨터를 움직이기 위한 시스템이다. 하드웨어와 OS 위에서 동작하는 소프트웨어 사이에서 중간 역할을 한다.

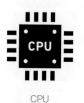

CPU

메모리

스토리지

OS

2.4.5 서버용 OS란

OS(Operating System)란 컴퓨터를 움직이기 위한 소프트웨어로, 하드웨어와 OS 위에서 동작하는 소프트웨어 사이에서 중간 역할을 한다. 대표적인 서버용 OS 는 유닉스(UNIX) 계열과 윈도 계열이 있고, 서버용 OS로 유명한 리눅스(Linux) 와 BSD는 유닉스 계열이다.

서버용 OS는 클라이언트용 OS에 비해 종류가 많고 특히 유닉스 계열은 원래 오픈 소스로 개발되었기 때문에 종류가 다양하다. 더구나 리눅스에는 다양한 배포판이 있다. 배포판이란 커널(OS의 핵심)의 주변 기능(기본적으로 명령이 나 소프트웨어 등)을 추가한 패키지를 말한다. 리눅스 배포판에는 레드햇(Red Hat), 센트OS(CentOS), 우분투(Ubuntu), 데비안(Debian) 등 다양하다. 무료 배포 판도 다수 있다.

한편 윈도 계열은 윈도 서버(Windows Server)만 있다. 파일 서버의 OS로 많이 사용된다. 웹 서버나 메일 서버 등 인터넷에 사용되는 서버의 OS에는 리눅스 계열이나 BSD 계열이 사용되는 경우가 대부분이다.

▼ 그림 2-13 서버용 OS의 계통

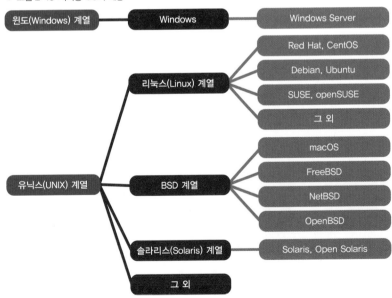

2.4.6 인스턴스와 서버

Amazon EC2에서 서버는 인스턴스로 생성된다. 인스턴스란 '실체'라는 의미이며 실제 가동되고 있는 가상화 컴퓨터를 말한다.

예를 들어 서버라고 하면 실체를 말하는 것인지, 물리적인 서버 자체를 말하는 것인지 애매하지만 인스턴스라고 하면 서버로 가동되고 있는 가상 서버(물리 서버 머신에 해당하는 컴퓨터)를 말한다.

기능으로서의 서버는 인스턴스라 부르지 않는다. 즉, '웹 서버의 인스턴스'를 생성한다는 말이 되어도 '웹 인스턴스'라고 하지 않는다.

▼ 그림 2-14 인스턴스란 가상 서버를 말한다

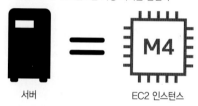

서버   EC2 인스턴스

요약

▶ 서버란 어떠한 서비스를 제공하는 것이다.

▶ 제공하는 서비스의 종류에 따라서 서버 이름이 다르다.

▶ 서버는 머신 1대에 여러 개를 같이 설치할 수 있다.

▶ 서버에도 OS는 필요하다.

▶ AWS에서는 서버가 인스턴스로 생성된다.

2.5 LAN: LAN을 구성하는 기술

AWS 1

지금은 당연해서 별로 신경 쓰지 않는 LAN이지만 사실 가장 친밀한 네트워크라고 해도 과언이 아니다. AWS 서비스에 따라 LAN과 AWS를 연결하는 방식이 필요하기도 하다.

2.5.1 LAN

회사나 가정에서 PC나 서버를 네트워크에 연결하여 상호 소통이 가능하도록 하는 방식을 LAN(Local Area Network)이라 한다. 네트워크 케이블을 유선으로 연결한 네트워크가 유선 LAN, 무선으로 연결한 네트워크가 무선 LAN이다.

LAN 중에도 회사 내에 설치된 네트워크를 사내 LAN이라고 한다. 사내 LAN은 각 회사의 상황에 따라서 인터넷에 연결된 경우도 있고, 그렇지 않은 경우도 있다. 인터넷에 연결되지 않은 폐쇄된 네트워크 범위가 인트라넷이다.

사내 LAN에는 파일 서버나 웹 서버, 시스템을 동작하는 서버 등이 포함되어 있다. 최근에는 이러한 서버군을 AWS와 같은 클라우드에 이관하는 경우가 늘어나고 있다.

▼ 그림 2-15 사내 LAN의 구축 예시

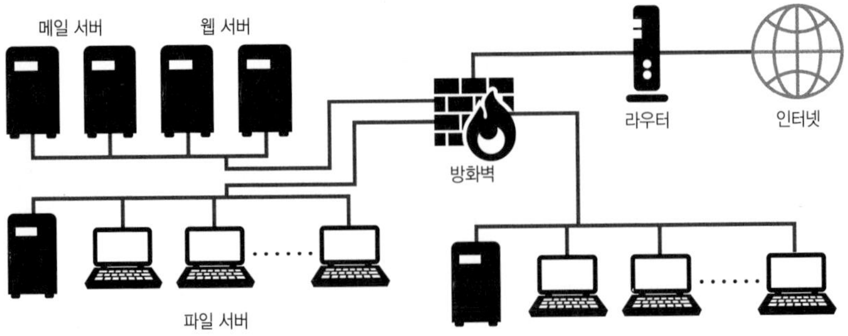

2.5.2 LAN을 구성하는 기술

LAN을 구성하는 기술에는 다음 6가지 요소가 있다.

▼ 표 2-3 LAN을 구성하는 기술과 내용

항목	내용
라우터(router)	네트워크의 출입구가 되는 부분에 설치되는 기기이다. 일방향으로 들어온 데이터의 목적지를 확인하고 목적지에 가까운 다른 쪽 네트워크에 데이터를 전송한다.
허브(hub)	네트워크의 배선을 분할하는 기기이다. 같은 네트워크의 다른 단말기에 데이터를 전송한다.
FW(FireWall)	방화벽이다. 들어오고 나가는 데이터를 확인하고 통신 여부를 조정하는 장치이다. 부정한 장소에서 접속하는 것을 금지하는 등 보안을 강화하는 데 사용한다. FW는 역할의 이름이므로 실제 조정하는 기기는 라우터나 서버, 전용 기기 등 다양하다.
DMZ	비무장 지대라고 하며, 인터넷과 같이 외부 네트워크와 사내 네트워크의 중간에 설치하는 네트워크이다. 어느 쪽에서든 접속이 가능한 서버를 설치한다.
DHCP	접속되어 있는 단말기에 자동으로 IP 주소를 분배하는 방식이다.
서브넷	한 네트워크를 작게 분할한 네트워크이다.

라우터   허브   방화벽

> **요약**
>
> ▶ PC 등을 연결한 네트워크를 LAN이라 한다.
> ▶ LAN에는 유선과 무선이 있다.
> ▶ 폐쇄된 네트워크를 인트라넷이라 부른다.

2.6 IP 주소와 DNS: 네트워크의 장소를 특정하는 방법

IP 주소는 네트워크 주소와 같은 것이다. 하지만 IP 주소는 숫자의 나열이라 알아보기 어렵기 때문에 DNS라는 방식으로 사람이 알기 쉬운 문자열로 바꾸어 준다. 이 절에서 IP 주소와 DNS의 구조에 대해 배워보자.

2.6.1 IP 주소란

인터넷상에서 서버나 네트워크, PC 등 호스트를 구별하는 주소나 이름표와 같은 것이 IP 주소이다. 웹 사이트를 볼 때나 데이터를 송수신할 때 사용한다. IP 주소는 IPv4의 경우 10.210.32.40과 같이 4개로 구분된 10진수의 숫자(최대치는 255)로 표시된다.

IP 주소는 네트워크에 접속되어 있는 한 호스트(PC나 스마트폰) 1대에 최소 1개가 필요하다. 단, 특정 호스트와 IP 주소는 고정이라고 할 수 없다. 개인적으로 사용할 경우 유동적으로 할당되는 것이 일반적이다. 한편 서버는 고정해 두지 않으면 사용자가 접속할 수 없게 되므로 고정해야 한다.

AWS는 Elastic IP라는 IP 주소가 있어서 변동이 많은 클라우드 서버라도 고정 IP 주소에 접속할 수 있도록 되어 있다.

한 블록의 숫자는 최대 255

10.210.32.40

4개로 나누어 10진수로 표현한다

00001010.11010010.00100000.00101000

10.210.32.40을 2진수로 표현한 것이다

이와 같이 2진수로 표현하기도 하지만 평소에는 보기 힘들다

2.6.2 사설 IP 주소와 공인 IP 주소

IP 주소에는 사설 IP 주소와 공인 IP 주소가 있다. 인터넷에서 사용되는 것은 공인 IP 주소이다. 공인 IP 주소는 관리되고 있어서 전 세계에 어떤 것도 중복되는 일은 없다. 따라서 어떤 호스트인지 정확하게 확인할 수 있다. 한편 사설 IP 주소는 사내 LAN이나 가정 LAN에서 사용되는 IP 주소이다.

인터넷에 공인 IP 주소가 필요한 것은 틀림없지만 공인 IP 주소의 수는 한정되어 있고 전 세계에 있는 PC에 각각 하나씩 할당할 수는 없다. 그렇기 때문에 가정이나 회사와 같이 큰 단위로 공인 IP를 할당하고 이 안에 있는 PC는 가정이나 회사 내에서만 통신하는 IP를 할당 받는다. 이것이 사설 IP 주소이다.

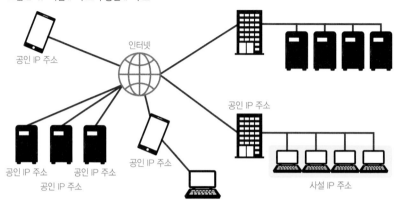

▼ 그림 2-17 사설 IP 주소와 공인 IP 주소

인터넷

공인 IP 주소

공인 IP 주소

공인 IP 주소   공인 IP 주소
공인 IP 주소

공인 IP 주소

사설 IP 주소

COLUMN   IPv6로 이전

IPv4는 IP 주소가 약 43억 개밖에 없어 부족해지고 있다. 따라서 현재는 IPv6로 바꾸는 것을 추천한다. IPv6는 1234:ab56:78cd:efab:9012:ab12:34cd:89df와 같이 8개로 구분되어 16진수로 표현하기 때문에 약 340간[1] 개를 사용할 수 있다.

2.6.3 DNS와 도메인

서버와 같은 단말기(호스트)는 IP 주소로 식별된다. 어떤 웹 사이트에 접속할 때 원래는 웹 브라우저에 해당하는 웹 서버의 IP 주소를 입력하여 웹 페이지에 접속해야 하지만, 실제로는 이렇게 하는 사람은 없을 것이다. 웹 브라우저에 입력하는 것은 IP 주소가 아니고 https://www.gilbut.co.kr과 같은 URL일 것이다. 여기에는 DNS 방식이 크게 연관되어 있다.

---

1   역주 숫자 단위는 일, 십, 백, 천, 만, 억, 조, 경, 해의 순으로 커진다. 해는 10의 20제곱으로 1만경이 1해입니다. 해 다음은 자, 양, 구, 간, 정, 재, 극의 순이다.

DNS란 URL에 포함된 이름에 해당하는 서버의 IP 주소를 알려주는 방식이다. 열람자는 URL로 접속한다고 생각하지만 실제는 DNS가 백그라운드에서 도메인명(gilbut.co.kr의 부분)에 해당하는 IP 주소를 확인하고 그 IP 주소를 가진 서버에 접속한다.

이로 인해 열람자는 URL만으로 해당 서버에 접속할 수 있게 되는 것이다. AWS도 DNS 서비스를 제공하고 있으며, Route 53가 이에 해당한다.

❤ 그림 2-18 DNS 구조

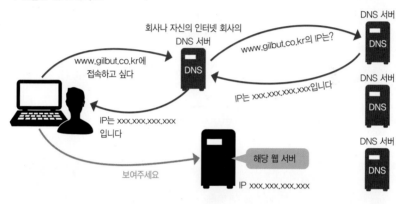

DHCP

가정이나 회사의 사설 IP 주소는 DHCP(Dynamic Host Configuration Protocol)라는 방식에 의해 각 호스트에 할당된다. DHCP에 의해 할당된 IP 주소는 유효 기간이 있어 기간이 지나면 재할당된다. 따라서 PC나 프린터의 IP 주소는 때에 따라서 바뀐다.

COLUMN 호스트명, 도메인명, FQDN, URL

호스트에는 IP 주소가 할당되어 있지만 IP 주소는 '어떤 네트워크에 소속되어 있는가'를 나타내는 네트워크부, '어느 호스트(단말기)인가'를 나타내는 호스트부로 구성되어 있다.

이는 URL의 경우도 마찬가지이다. gilbut.co.kr과 같이 조직이나 소속 등을 나타내는 도메인명과 www나 ftp와 같은 임의적인 이름을 가진 호스트명으로 구성된다.

호스트명과 도메인명을 연결한 것을 FQDN(Fully Qualified Domain Name)이라 한다. 예를 들어 gilbut.co.kr이라고 하는 조직에서 운영하는 www라고 하는 이름의 서버는 www.gilbut.co.kr이다. 앞쪽에 https://를 붙이는 경우가 많은데 이는 HTTPS 프로토콜이라는 의미이다. 프로토콜이란 통신 규약이다.

▼ 그림 2-19 FQDN

URL은 FQDN에 파일명을 덧붙여 기술하는 방식이다. 파일이 있다면 /파일명.파일 형식을 도메인 뒤에 붙여 표기하면 된다.

 요약

▶ IP 주소는 인터넷에서 호스트를 식별하는 주소이다.

▶ 사설 IP 주소와 공인 IP 주소가 있다.

▶ 공인 IP 주소는 인터넷에서 사용된다.

▶ 사설 IP 주소는 사내 LAN이나 가정 LAN에서 사용된다.

▶ DNS에서 도메인명과 IP 주소는 연결되어 있다.

2.7 웹의 구조: 웹 사이트와 관련된 기술

현재 생활하는 데 있어 없어서는 안 될 존재인 웹 사이트는 사실 HTTP 프로토콜과 크게 관련되어 있다. 웹 서버의 구조를 비롯한 웹 사이트와 관련된 기술에 대해 심도 깊게 이해해 보자.

2.7.1 HTML과 웹 브라우저의 구조

웹 사이트의 콘텐츠는 HTML이라는 형식으로 기술되어 있다. HTML 형식이란 어느 부분은 제목, 어느 부분은 크게 하고 붉은색 문자와 같이 태그의 구조를 나타내는 문서이다. 워드(Word) 프로그램과 같이 모양이나 크기, 색을 알 수 있는 파일은 아니기 때문에 보기에는 뭐라고 쓰여 있는지 알기 어려울지도 모른다.

HTML에 기술되어 있는 것은 문자와 구조뿐이다. 이미지는 별도의 파일로 저장되고 HTML에는 이미지를 저장한 장소만 쓰여 있을 뿐이다. 이렇게 각각의 파일로 저장하는 문서와 이미지를 웹 브라우저에서 조합하여 한 페이지로 표시한다.

♥ 그림 2-20 HTML 형식과 웹 브라우저의 표시

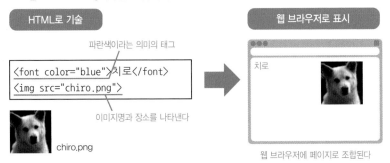

2.7.2 웹 서버의 구조

HTML이나 이미지 파일을 저장하고 있는 건 웹 서버이다. 웹 사이트를 열람할 때 웹 브라우저로 보고 싶은 웹 사이트의 URL에 접속하면 웹 서버에서 해당하는 파일을 웹 브라우저로 보낸다.

웹 서버용 콘텐츠는 HTML 파일이나 이미지 파일 외에 동영상 파일, PHP나 Perl로 작성된 프로그램 파일 등으로 구성되어 있다.

♥ 그림 2-21 웹 서버의 구조

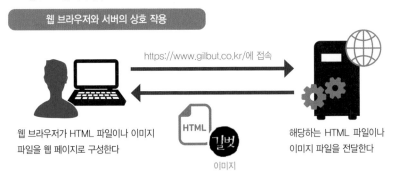

2.7.3 웹 사이트와 관련된 기술

웹 브라우저에서 요청을 받아 파일을 전송하는 것이 웹 서버용 소프트웨어이다. 그 외에 여러 가지 소프트웨어 및 프로토콜(통신 규약이나 수단을 정하는 것)에 따라서 웹 사이트가 성립된다.

▼ 표 2-4 웹 사이트와 관련된 기술

항목	내용
웹 서버용 소프트웨어	웹 브라우저에서 요청을 받아 파일을 전송하는 소프트웨어이다. 대표적인 소프트웨어는 Apache, Nginx가 있다.
FTP	서버에 파일을 전송할 때 사용하는 프로토콜이다.
SSH	서버를 원격으로 조작할 때 사용하는 접속 방식이다.
SSL 증명서	증명서를 작성한 서버를 설치하면 통신을 암호화할 수 있고 사이트가 변조되지 않았다는 것을 증명할 수 있다. https로 시작하는 URL의 서버에는 이 증명서가 설치되어 있다.
리다이렉트	요구된 URL에 대해서 다른 페이지로 전송하는 방법이다.
CGI	서버에서 처리하는 프로그램을 말한다. 대부분은 perl(펄)이라는 언어로 작성한다.
PHP	프로그래밍 언어 중 하나이다. 웹 애플리케이션 개발에 많이 사용된다.
자바스크립트 (JavaScript)	프로그래밍 언어 중 하나이다. 웹 브라우저로 처리된다.
스트리밍	데이터를 모두 내려받을 때까지 기다리지 않고 도착한 앞쪽 데이터부터 바로 재생하는 방법이다.
확장자	어떤 형식으로 파일이 저장되어 있는지를 나타낸다. 파일명에 마침표 뒤에 기술된다. 워드의 경우 .docx, 엑셀이라면 .xlsx, HTML은 .html, .htm, 이미지는 .jpeg, .png 등이 있다.
Index.html	관례적으로 웹 사이트의 메인 페이지가 되는 HTML 파일에 붙여진 이름이다. 파일명을 지정하지 않을 경우 이 페이지가 표시된다.
로드 밸런서	아래에 서버 여러 대를 두고, 트래픽을 분산하여 1대당 서버의 부하를 줄이는 장비이다.
FW	방화벽이라 하며, 송수신하는 데이터에 대해 통과 여부를 결정하는 장비이다. 특히 WAF(Web Application Firewall)는 실제 데이터의 내부까지 확인하고 잘못된 데이터를 제거하다.
CDN	콘텐츠를 캐시하는 방식이다. 만료될 때까지 캐시를 사용자에게 돌려주는 방식으로 서버의 부하를 줄여준다.

2.7.4 웹 사이트에 대한 공격 방법

웹 사이트는 불특정 다수가 사용하는 서비스이기 때문에 보안 대책이 필요하다. 보안의 취약점을 이용한 공격 방법을 이해하고 사전에 대책을 준비하는 것이 중요하다. 몇 가지 공격 방법을 소개한다.

✔ 표 2-5 웹 사이트에 대한 공격 방법

항목	내용
멀웨어	부정하고 유해한 의도로 만들어진 악성 소프트웨어나 악성 코드이다. 바이러스, 트로이 목마, 웜, 봇, 스파이웨어, 키로거, 백도어와 같은 종류가 있다.
XSS	크로스 사이트 스크립팅이라 하며, 방문자의 웹 브라우저에 악의적인 스크립트를 심는 공격이다.
CSRF	사이트 간 위조 요청이다. 일명 이미지 태그 공격이라 한다. 사용자의 의지와는 무관하게 공격자가 변조한 폼의 데이터를 특정 서버에 요청하여 처리하도록 유도하는 공격이다.
SQL 인젝션	SQL 문(데이터베이스를 조작하는 명령)을 송신하여 데이터베이스에 부정한 조작을 하는 공격이다.
세션 하이재킹	세션이라고 하는 접속 정보를 도용하는 공격으로, 다른 사람인 척할 수 있다.
DoS 공격	표적 서비스에 부하를 발생시켜 서비스를 중지시키거나, 서비스를 방해하는 공격이다. 최악의 경우 서버가 다운되는 경우도 있다.
패스워드 크래킹	서버의 패스워드 파일에 접속하거나, 전송되는 패스워드를 도용하거나, 패스워드를 알아내는 공격이다.

요약

▣ 웹 사이트의 콘텐츠는 HTML이라는 형식으로 작성되어 있다.

▣ 웹 사이트의 파일이 저장되어 있는 곳이 웹 서버이다.

▣ 대표적인 웹 서버용 소프트웨어는 Apache나 Nginx가 있다.

▣ SSH란 서버를 설정할 때 접속하는 방법이다.

▣ SSL 증명서를 설치하면 통신을 암호화할 수 있다.

▣ PHP나 자바스크립트는 프로그래밍 언어의 한 종류이다.

▣ 웹 사이트에 대한 공격에는 주의가 필요하다.

COLUMN 그 외의 클라우드 서비스의 형태

2.3절에서 소개한 것처럼 클라우드 서비스 형태에는 ○aaS라고 하는 분류가 있으며, SaaS, PaaS, IaaS가 유명하지만, 최근에는 그 외의 ○aaS가 늘고 있다.

• DaaS(Desktop as Service)

클라이언트 PC(일반적으로 사용하는 PC) 환경을 가상화하여 네트워크에 구축하는 서비스이다. 사용자는 네트워크를 통해 원격으로 사용한다. 따라서 언제 어디서나 어떠한 PC이든지 '같은 PC 환경'을 사용할 수 있다. 구체적으로 회사 PC를 DaaS화하여 회사에서도, 집에서도 같은 환경에서 작업하는 것을 목적으로 사용된다.

▼ 그림 2-22 DaaS는 어디서든지 '같은 PC 환경'을 사용할 수 있다

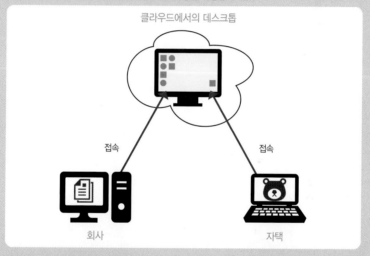

• FaaS(Function as a Service)

함수를 설치하면 실행되는 서비스이다. 서버리스라는 시스템으로 AWS Lamda(8.2절 참조)가 FaaS에 해당한다.

클라우드는 계속 진화하고 있으므로 앞으로도 ○aaS 형태의 서비스는 틀림없이 늘어날 것이다. 어떠한 서비스가 나올지 기대된다.

memo

3^장

AWS를 사용하기 위한 도구

AWS에는 서비스를 원활히 사용하도록 지원하는 도구가 있다. 그 중 가장 많이 사용되는 것은 관리 콘솔일 것이다. 이 장에서는 이러한 도구와 사용 방법에 대해 공부한다.

3.1 AWS의 사용법과 계정: AWS에서 제공하는 유용한 도구

실제로 AWS를 사용해 보자. AWS는 계정을 생성하고 서비스를 선택하는 것만으로도 시작할 수 있다. 다만, 이때 작성한 AWS 계정은 무엇이든 할 수 있는 root 계정이다. 조심스럽게 다루도록 하자.

3.1.1 AWS를 사용하기 위해 알아야 할 기본 개념

AWS를 사용하는 데 있어 알아야 할 기본적인 개념을 살펴보자. 먼저 AWS는 클라우드 서비스이므로 '사용한 만큼 비용을 지불한다'가 기본이다. 필요 없는 비용을 지불하는 일이 없도록 해야 한다. 즉, 필요한 것을 필요한 만큼 사용한다는 의미이다. 필요한지 여부는 상황에 따라 달라진다. 따라서 항상 '자신에게 최적화된 상태로 관리한다'가 클라우드를 잘 사용하는 요령이다.

AWS는 서비스를 종합적으로 제공하기 때문에 웹 사이트나 시스템 구축에 필요한 기능 및 소프트웨어를 대부분 갖추고 있다. 그러나 운영 방법에 따라 요금이 증가할지도 모르고, 회사 사정이나 고객 사정도 있을 것이다. 무엇을 어떻게 사용할 것인지 적절하게 선택해야 한다.

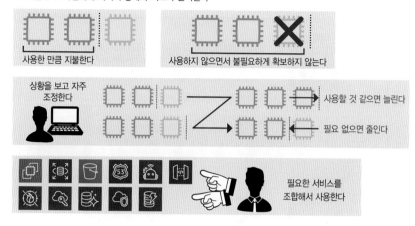

▼ 그림 3-1 자신에게 최적의 상태가 되도록 관리한다

사용한 만큼 지불한다

사용하지 않으면서 불필요하게 확보하지 않는다

상황을 보고 자주 조정한다

사용할 것 같으면 늘린다

필요 없으면 줄인다

필요한 서비스를 조합해서 사용한다

3.1.2 AWS는 서비스를 종합적으로 관리할 수 있다

사용자가 AWS의 여러 가지 서비스를 사용하는 경우가 많아서 AWS는 서비스를 종합적으로 관리할 수 있는 편리한 기능을 제공한다. 또한, 서버 엔지니어와 같은 전문가가 없어도 운영할 수 있게 웹 브라우저로 조작할 수 있는 사용자 환경을 제공하고 있다.

현재 사용하고 있는 PC에서 관리 화면에 로그인하면 누구든지 사용할 수 있다.

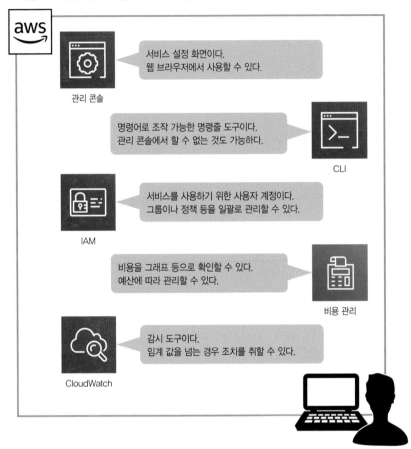

3.1.3 AWS 계정

AWS를 사용하기 위한 계정을 AWS 계정이라고 한다. AWS 계정을 생성하려면 이메일 주소와 암호, 연락처, 결제하기 위한 신용카드를 등록해야 한다. 아마존에서 쇼핑할 때 사용하는 아마존 계정과는 다르다. 구글 계정이나 애플 ID와 비슷하지만 큰 차이점은 개인뿐만 아니라 기업도 사용한다는 점이다.

AWS 서비스는 서버나 스토리지를 임대할 수 있다. 개인도 사용할 수 있지만 규모가 큰 단체가 사용하기에 장점이 많기 때문에 기업 사용자가 많다. 기업 사용자는 AWS 계정으로 관리하는 서비스가 많아지기 마련이다.

따라서 여러 프로젝트에서 같은 계정을 사용하면 비용이 모호해지고 관리도 복잡해진다. 이러한 사태를 방지하기 위해 규모가 커지면 프로젝트나 비용을 관리하는 단위로 AWS 계정을 구분하여 많이 사용한다.

❤ 그림 3-3 AWS 계정을 생성할 때 필요한 정보

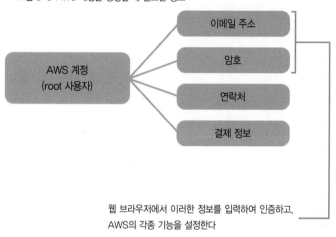

3.1.4 root 사용자

AWS 계정은 등록한 이메일 주소와 암호로 로그인한다. AWS 계정은 모든 조작이 가능한 관리자 권한을 가지고 있기 때문에 root 사용자라고 부른다. 모든 권한을 가지고 있다는 것은 편리하기는 하지만, 실수할 경우 치명적이고 도용된다면 매우 곤란해진다. 이러한 이유로 AWS는 IAM(3.3절 참조)이라는 서비스만 사용하는 사용자를 별도로 관리하고 있다. 일반적인 운영에는 IAM을 사용하는 것이 일반적이다.

3.1.5 서비스를 개인에 맞춰서 최적화

AWS는 언제든지 시작해서 언제든지 멈출 수 있다. 따라서 필요할 때만 필요한 서비스를 사용하는 것이 철칙이다. 준비하기 귀찮은 기능이나 소프트웨어를 서비스로 설정만 하면 언제든지 사용할 수 있다.

또한, 서비스 한 개에 여러 옵션이 있다. 예를 들면 서버 서비스인 Amazon EC2의 경우 인스턴스의 유형(서버의 성능)을 선택하거나 용량을 선택할 수도 있다. 한 번 선택한 다음 방치하는 것이 아니라 상황이 바뀌면 서비스 또한 상황에 맞춰 선택할 수 있다.

요약

▶ AWS에는 사용하기 편리한 도구가 준비되어 있다.

▶ AWS는 서비스를 종합적으로 관리할 수 있다.

▶ AWS를 이용하려면 AWS 계정을 사용해야 한다.

▶ 자신의 환경에 맞춰 AWS 서비스를 최적화할 수 있다.

3.2 관리 콘솔과 대시보드: 심플하고 직관적인 관리 도구

웹 브라우저로 관리 콘솔에 접속하여 AWS 서비스를 조작할 수 있으며, 서비스별로 대시보드가 있고 대시보드에서 각종 설정을 진행한다. 대시보드는 한국어를 지원하고 있으므로 쉽게 조작할 수 있다.

3.2.1 관리 콘솔이란?

관리 콘솔은 웹 브라우저에서 AWS 서비스를 관리하는 화면(사용자 환경)이다. 서비스별로 고유 화면(대시보드)이 있고, 서비스 설정, 리전 선택, AWS 계정 관리, 필요한 서비스나 리소스 그룹(리소스란 각 인스턴스와 같이 가동 중인 서비스나 용량을 확보하고 있는 서비스와 같이 사용 중인 것 일체)의 검색과 사용, AWS 문서의 참조 등 다양한 관리를 수행한다. 일부 서비스는 지원하지 않는 경우도 있지만, 서비스 대부분은 한국어를 지원한다. 스마트폰을 지원하는 'Amazon Console 모바일 앱'도 있어서 리소스의 상태를 외출 중에도 확인할 수 있다.

이와 같이 복잡한 명령어를 입력해 서비스를 조작할 필요 없이 명령어를 잘 알지 못하는 사람도 관리 콘솔에서 서비스를 사용할 수 있다.

❤ 그림 3-4 다양한 관리가 가능한 관리 콘솔

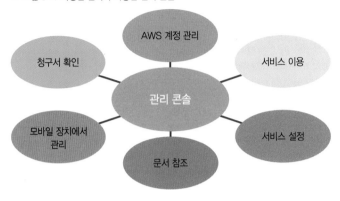

3.2.2 리전 선택

관리 콘솔은 지역을 대표하는 리전(3.6절 참조) 단위로 조작한다. 같은 Amazon EC2 서비스라도 OO 리전의 Amazon EC2와 XX 리전의 Amazon EC2는 다른 것으로 간주된다.

관리 콘솔은 처음 지역이 버지니아로 되어 있다. AWS 계정으로 로그인하면 화면 오른쪽 상단 메뉴에서 서울 등 사용하고 싶은 리전으로 전환할 수 있다.

❤ 그림 3-5 같은 EC2 서비스라도 리전별로 다른 것으로 간주한다

리전은 한 번 선택하면 저장되기 때문에 같은 리전을 사용하려면 한 번만 선택하면 된다. 다른 리전의 서비스를 사용할 때는 화면 오른쪽 상단 메뉴에서 리전을 전환한다. 서비스의 조작 화면이나 관리 콘솔의 오른쪽 상단 메뉴 외에서도

언제든지 변경할 수 있다.

리전에 따라 사용할 수 있는 서비스와 사용할 수 없는 서비스가 있다. 사용할 수 없는 서비스를 선택하면 사용 가능한 리전으로 전환하라는 경고가 표시된다.

❤ 그림 3-6 리전에 따라서 제공하는 서비스가 다르다

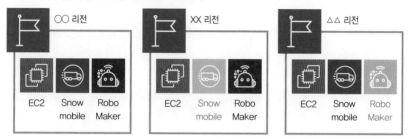

리전에 따라서 제공하지 않는 서비스도 있다

3.2.3 대시보드

관리 콘솔에는 서비스별로 메뉴가 있어 각 화면에서 조작한다. 서비스를 조작할 수 있는 메인 화면을 대시보드라고 한다. EC2인 경우 EC2 대시보드, S3인 경우 S3 대시보드가 있다.

AWS의 각 서비스를 조작하려면 AWS 계정으로 로그인한 후 리전이나 서비스를 선택하여 해당 대시보드를 열어야 한다.

대시보드에서 가능한 조작은 서비스에 따라서 다르지만 서비스의 시작과 종료, 각종 설정, 현재의 상태에 대한 표시 등은 공통으로 많이 사용하는 기능이다.

서비스를 시작한 지 얼마 안 된 서비스는 대시보드가 아직 한글화되지 않은 경우도 있지만, 주요 서비스는 한국어를 지원하므로 안심하자.

❤ 그림 3-7 대시보드 화면을 열 때까지 필요한 조작

① AWS 계정으로 로그인한다

② 리전을 선택한다

③ 서비스를 검색한다

④ 대시보드를 연다

❤ 그림 3-8 EC2 대시보드

※ AWS는 변화가 빠른 서비스이다. 대시보드 화면이 변경되었을 수도 있다.

AWS CLI란

AWS CLI(Common Line Interface)는 로컬의 명령어 단말기 혹은 서버에서 명령어나 스크립트로 AWS 서비스를 빠르게 수행하기 위한 CLI(명령줄 환경)이다. AWS의 다양한 서비스 설정이나 조작은 '관리 콘솔'에서 시각적으로 진행하지만, 스크립트를 작성해서 여러 가지 조작을 한 번에 실행하거나 좀 더 자동화·프로그램화된 방법으로 조작할 경우에는 AWS CLI가 편리하다.

AWS CLI는 파이썬(Python)의 패키지 관리 도구인 pip를 사용하여 설치한다. 작업은 컴퓨터의 명령 프롬프트나 터미널을 열고 aws로 시작하는 일련의 명령어를 사용한다. 먼저 awsconfigure에서 AWS 로그인의 인증 정보를 입력하여 설정한다. 사용 예로는 Amazon EC2 인스턴스의 시작이나 정지, Amazon S3에 파일을 복사하여 백업 등이 있다.

▼ 그림 3-9 AWS CLI에 대한 명령어 예

① i-12345678이라는 이름의 EC2 인스턴스를 시작한다

```
$ aws ec2 start-instances --instance-ids i-12345678
```

② S3 패키지의 목록을 표시한다

```
$ aws s3 ls
```

요약

▶ 관리 콘솔이란 웹 브라우저에서 AWS 서비스를 관리하는 화면이다.

▶ 관리 콘솔은 지역을 대표하는 리전 단위로 조작한다.

▶ 대시보드는 AWS 서비스를 조작할 수 있는 메인 화면이다.

3.3 AWS IAM과 접근 권한: 접근 권한 설정

AWS IAM(이하 IAM)은 AWS의 인증 방식이다. AWS는 서비스 여러 개를 사용하기 때문에 적절한 관리를 위한 인증 방식이 꼭 필요하다. IAM에는 사용자 외에 그룹이나 역할이 있고, 일괄로 관리하기 쉽게 되어 있다.

3.3.1 AWS IAM이란

AWS IAM이란 Identity and Access Management(ID와 접속 관리)의 약어로 AWS의 인증 기능이다. IAM은 I am이라는 의미를 담고 있을지도 모른다. AWS 계정과 비슷하지만 AWS 계정은 계약을 관리하는 계정인데 반해, IAM은 각 서비스에 대한 접속을 관리하는 기능이다. 사람에 대해 부여하는 IAM을 IAM 사용자라고 한다.

한편 서비스나 프로그램 등에 부여하는 IAM은 IAM 역할이다.

IAM 자체는 추가 요금이 없고 무료로 사용할 수 있다. IAM 사용자가 사용한 AWS에는 과금이 되지만, IAM 자체는 추가 요금이 없고 AWS 계정에 제공되는 기능이다. 또한, AWS는 사용자 인증에 MFA(Multi-Factor Authentication)(100쪽 참조)를 사용할 것을 권장하고 있다.

❤ 그림 3-10 IAM을 사용자나 서비스에 부여하여 접속을 관리한다

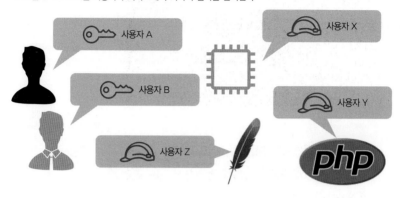

3.3.2 IAM 그룹과 IAM 정책

IAM 사용자, IAM 역할 두 가지 모두에 필요한 최소한의 기능을 부여하고, 필요한 사람에게만 전달하여 운영하는 것이 기본이다. '혹시 필요할지도 모르니까'라고 불필요한 권한을 부여하는 것은 보안적으로 바람직하지 않다. 또한, 계정 하나를 여러 사람이 돌려쓰는 것도 바람직하지 않다. 무슨 일이 생길 경우에 누가 수행한 작업인지 알 수 없기 때문이다. 한편 AWS는 여러 개의 EC2 인스턴스나 S3 버킷을 다루는 경우가 많다. 각각의 서비스에 대해서 멤버 한 사람한 사람에게 권한을 설정하는 것은 힘든 일이다. 그렇기 때문에 사용자나 역할을 효과적으로 설정하고 관리할 수 있는 구조로 되어 있다.

사용자는 IAM 그룹으로 그룹화할 수 있다. 그룹화하면 같은 권한을 부여하고 싶은 사용자를 일괄로 관리할 수 있다.

IAM 정책은 실행자(사용자, 역할, 그룹)가 어떤 서비스에 접속할 수 있는지 정해진 규칙을 설정하는 기능이다. 실행자가 무엇을 할 수 있는지를 개별로 설정하는 것이 아니라 정책을 적용하는 형태로 설정한다.

따라서 권한 설정을 변경하고 싶을 때도 정책만 변경하면 그룹에 속한 모든 사용자나 역할의 설정을 변경할 수 있다. 정책은 실행자 한 명에 대해 여러 설정을 할 수 있고, 정책 한 개를 여러 사용자나 역할에 설정할 수도 있다.

❤ 그림 3-11 IAM 정책으로 사용자나 그룹의 권한 설정을 관리한다

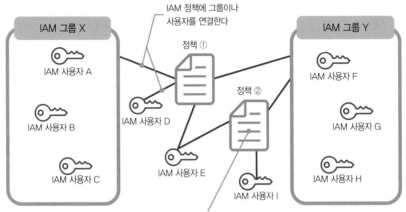

3.3.3 IAM 정책 설정하기

IAM 정책은 무엇에 대해서(Amazon EC2 서버나 Amazon S3의 폴더 등) 어떤 조작을(시작 및 정지, 파일 쓰기 및 읽기, 삭제 등) 허가할지 말지를 설정하는 것이다.

실행자(사용자, 역할, 그룹)가 '어떤 일을 할 수 있는가'의 형태로 설정이 가능하고, 조작 대상(서버 및 폴더 등)에 대해서 '무엇을 허가할 것인가'의 형태로도 설정할 수 있다. 전자를 자격 기반 정책, 후자를 리소스 기반 정책이라고 한다. 어떠한 조작을 지정할 수 있는지는 서비스나 대상에 따라서 다르며 세밀하게 설정할 수 있다.

예를 들면 스토리지 서비스인 Amazon S3의 경우는 읽기, 추가하기, 덮어쓰기, 삭제하기 등 세밀하게 설정할 수 있고 특정한 장소(IP 주소)에서만 허가하는 설정도 가능하다.

IAM 정책은 자기만의 정책을 생성하는 것이 가능하지만(고객 관리형 정책), 정해야 할 항목이 굉장히 많고 설정하다 실수하기도 쉽기 때문에 기본적으로는 미리 준비되어 있는 AWS 관리 정책을 사용하는 것을 추천한다.

예를 들면 Amazon S3에 대해 '모든 조작 가능, 읽기 쓰기 가능, 읽기만 가능' 등 자주 사용하는 것들은 AWS 관리 정책에 준비되어 있으므로 이를 사용하면 실수를 줄일 수 있다. AWS 관리 정책과 다른 부분만 고객 관리형 정책을 설정하는 식으로 조합하면 좋다. 또한, 자격 기반 정책과 리소스 기반 정책에 설정할 수 있는 항목이 조금 다르다.

▼ 표 3-1 주요 설정 항목

항목	내용
Statement	설정 값으로, Effect나 대상 등을 기술한다.
Sid	정책 문서에 부여된 임의의 식별자이다.
Effect	사용 여부를 알려준다.
Action	허가 혹은 거부하는 특정 작업이다.
NotAction	지정된 동작 목록을 제외한 모든 것을 명시적으로 대조한다.
Resource	작업 대상이다.
NotResource	지정된 리소스 목록을 제외한 모든 것을 명시적으로 대조한다.
Condition	정책을 실행하는 타이밍 조건이다.

COLUMN

다단계 인증 · 다요소 인증

IAM에는 다단계 인증 · 다요소 인증을 도입할 수 있다. 한 종류 · 1단계 인증은 암호를 알면 관리 콘솔에 로그인이 가능하다. 여기에 두 번 이상의 인증을 수행하는 것이 다단계 인증이다. 다단계 인증은 ID와 암호뿐만 아니라 전용 하드웨어를 사용하거나 생체 인증을 사용하는 등 다른 종류의 인증을 사용하는 것이 일반적이다. 이와 같이 요소 여러 개로 인증하는 방법을 다요소 인증이라고 한다.

AWS에는 ID와 암호 외의 인증으로 MFA(Multi-Factor Authentication) 장치를 사용한다. MFA 장치는 전용 하드웨어를 사용하는 경우도 있지만 간편한 것은 아이폰나 안드로이드 앱을 사용하는 방법이다. 앱을 실행하면 화면에 일정 시간마다 바뀌는 숫자가 표시되고 이 숫자를 로그인할 때 입력하여 인증한다.

▼ 그림 3-12 IAM은 다단계 인증과 다요소 인증이 가능

요약

▶ AWS IAM은 인증 방식이다.

▶ IAM 사용자는 사람에게 부여하는 IAM이다.

▶ IAM 역할은 서비스나 프로그램에 부여하는 IAM이다.

▶ IAM 정책은 IAM 사용자나 IAM 역할을 연결하여 접속 권한을 설정한다.

▶ IAM 그룹은 IAM 사용자를 그룹화한다.

3.4 Amazon CloudWatch：
Amazon EC2의 리소스 상태 감시

서버는 정상적으로 움직이는 것을 전제로 한다. 이를 위해 매일 모니터링하고 뭔가 이상이 있을 경우 해결하지 않으면 안 된다. Amazon CloudWatch는 이러한 서버의 모니터링을 도와주는 서비스이다.

3.4.1 Amazon CloudWatch란

서버나 시스템은 감시가 필요하다. 서버는 계속 정상적으로 동작해야 하며, 동작한다고 생각했는데 실제로 정지된 상태라면 곤란할 것이다. 일반적인 서버와 마찬가지로 AWS 서비스도 감시가 필요하다. 물리적인 부분에 대해서는 AWS가 관리해줄 수 있을지 몰라도 설치한 시스템이나 소프트웨어의 감시는 본인 스스로 해야 할 필요가 있다. 이때 사용하는 것이 Amazon CloudWatch이다.

Amazon CloudWatch는 각 AWS 서비스의 리소스 모니터링과 관리를 담당하는 서비스이다. AWS의 각 서비스에서 지표(여러 관점에서 동작을 평가하는 수치), 로그 등을 수집, 기록한다. 수집한 로그가 임계 값을 넘으면 특정 동작이 일어나도록 설정할 수 있기 때문에 감시 상황에 대처하는 관리도 가능하다. 기본 요금은 없고 종량제 요금제로 사용한 만큼만 지불한다. 또한, Amazon CloudWatch는 지원하는 서비스와 지원하지 않는 서비스가 있다.

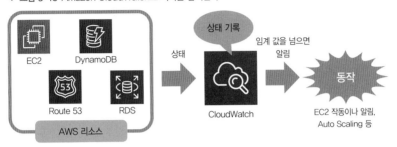

▼ 그림 3-13 Amazon CloudWatch로 서버를 감시한다

EC2

DynamoDB

Route 53

RDS

AWS 리소스

상태

상태 기록

CloudWatch

임계 값을 넘으면
알림

동작

EC2 작동이나 알림,
Auto Scaling 등

3.4.2 사용 가능한 조작과 Amazon CloudWatch Logs

Amazon CloudWatch로 CPU 사용률, 볼륨의 읽기 쓰기 횟수나 바이트 수,
네트워크 송수신 패킷 수 등을 감시할 수 있다.

감시하고 있는 항목이 임계 값을 넘을 경우에 어떠한 작업을 하도록 설정할 수 있
다. 작업은 이메일 송신, EC2 작동(인스턴스 시작·정지 등), Auto Scaling(인스
턴스 수를 변경), Lamda 함수(8.2절 참조)에 의한 임의 프로그램 실행 등이 있다.

또한, Amazon CloudWatch Logs를 통해 각종 로그를 기록할 수도 있다. Lamda
함수를 실행할 때 로그가 기록되며 이 로그는 범용적인 로그이다. Amazon EC2
인스턴스에 에이전트를 설치하면 인스턴스 내에서 임의의 로그를 기록할 수 있
다. 간단한 필터 기능도 있고, 로그를 확인할 수 있는 화면도 있다. 일정 기간이
지나면 CloudWatch Logs의 로그를 삭제하거나 S3 버킷(Amazon S3에서 데이
터를 저장하는 용기)으로 내보내는 것도 가능하다.

AWS CloudTrail이라는 감사(aduit) 서비스를 활성화하면 누가 어떤 리소스에
접근했는지도 기록으로 남길 수 있다.

요약

▶ Amazon CloudWatch는 각 AWS 서비스의 리소스 모니터링과 관리를 제공한다.

▶ 수집한 로그가 임계 값을 넘으면 특정한 작업을 수행하도록 설정할 수 있다.

3.5 AWS Billing and Cost Management: AWS의 비용 관리

AWS는 종량제인 만큼 비용 관리가 중요하다. 이러한 비용 관리를 도와주는 서비스가 AWS Billing and Cost Management이다. 현재 사용하는 비용을 확인할 수 있을 뿐만 아니라 상한을 정해서 경고를 발신하는 것도 가능하다.

3.5.1 AWS Billing and Cost Management란

AWS은 클라우드이므로 초기 비용이 적게 드는 대신 종량제로 과금된다. 그렇기 때문에 요금 관리가 중요한 과제이다. 또한, 관리 대상이 여러 서비스를 사용하는 경우가 많아서 복잡해지기 쉽다.

이렇게 신경 써야 할 게 많은 AWS 요금을 관리해주는 서비스가 AWS Billing and Cost Management(AWS 비용 관리)이다. 비용 관리에 대한 서비스는 몇 가지 있으며, 요금 납부, 사용료 모니터링, 비용·사용 현황 보고 등을 사용할 수 있다. 서비스 해지도 AWS Billing and Cost Management에서 실시한다.

▼ 그림 3-14 AWS Billing and Cost Management

청구서

AWS Cost Explorer

AWS Budgets

AWS 요금이나 사용 현황을 쉽게 관리할 수 있어 편리하네!

▼ 표 3-2 ▼ 표 3-2 AWS Billing and Cost Management의 주요 서비스

항목	내용	요금
청구서	매월 청구서 및 사용하고 있는 AWS 서비스의 상세 내역을 확인할 수 있다.	무료
요금 대시보드	지출 현황과 비용 경향 등을 확인할 수 있다.	무료
AWS Cost Explorer	시간에 따른 비용과 사용량을 가시화, 파악, 관리할 수 있다.	부가 사용자 인터페이스 사용 시에는 무료, API를 사용하여 프로그램에 접속하는 것은 유료이다.
AWS Budgets	비용 및 사용량에 사용자 지정 예산을 설정하여 특정한 조건에 알림을 발송한다.	사용 자체는 무료이지만 3개 이상부터 요금이 부과된다.
비용 및 사용 보고서	비용과 사용량에 대한 가장 자세한 데이터를 열람할 수 있다.	무료

3.5.2 비용을 확인할 수 있다

AWS Cost Explorer를 사용하면 매월 어느 정도 비용이 발생했는지 서비스 단위별로 확인할 수 있다. 비용은 월별뿐만 아니라 일별로도 볼 수 있으며 그래프로 표시되므로 비용의 증감을 직관적으로 파악할 수 있다.

▼ 그림 3-15 Cost Explorer로 비용을 시각적으로 파악할 수 있다

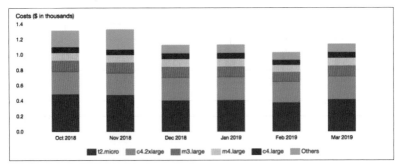

※ AWS공식 웹 사이트(https://aws.amazon.com/ko/aws-cost-management/aws-cost-explorer/)에서 인용하였다.

3.5.3 예산에 따라서 관리할 수 있다

AWS Budgets은 비용이 특정 임계 값을 넘었을 때 알림을 발송할 수 있는 구조로 되어 있다. 따라서 '어느새 많이 사용해서 막대한 금액이 청구되었다'와 같은 사태를 피할 수 있다. 또한, 이메일로 예산 포트폴리오 업데이트를 받을 수 있다(AWS Budgets 보고서).

❤ 그림 3-16 AWS Budgets에서 비용을 관리할 수 있다

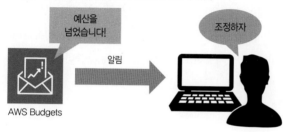

3.5.4 비용과 사용 현황을 확인한다

비용과 사용 현황 보고서는 비용과 사용 현황에 대한 자세한 데이터가 1일 1회, CSV 형식으로 Amazon S3의 S3 버킷에 저장된다. 또한, 이 정보를 Amazon Athena, Amazon Redshift, Amazon QuickSight 등 임의의 집계·통계 도구로 보내는 것도 가능하다.

❤ 그림 3-17 비용과 사용 현황 보고서를 임의의 도구로 집계할 수 있다

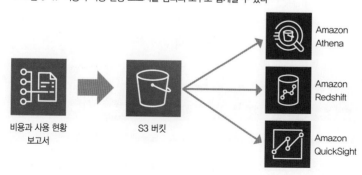

3.5.5 비용 관리 요령

AWS에는 다양한 도구가 있지만 도구를 사용하고, 판단하는 것은 사람이다. 그렇다면 어떻게 비용을 관리해야 좋을까? 몇 가지 주목해야 할 점은 있지만, 처음에는 다음 두 가지에 대해 먼저 생각하자.

선택이 적절한가?

AWS는 많은 서비스를 제공하고 있다. 그중에는 유사한 기능을 구현하는 데 다른 서비스를 사용 가능한 경우도 있다. 예를 들어 웹 사이트를 제작하려면 Amazon EC2에 구축하는 것도 가능하고, Amazon S3에 구축하는 것도 가능하다. 각각 자유도와 비용이 다르므로 '자신에게 어떤 서비스가 바람직한가'를 잘 분석해야 한다.

항상 새로운 서비스가 지속적으로 출시되고 있기 때문에 서비스를 쓰기 시작할 때는 없었던 서비스가 제공되는 경우도 있다. 정기적으로 확인할 수 있도록 메모해 두자.

또한, 서비스 한 개가 여러 유형을 제공하거나 옵션을 추가할 수 있는 경우도 있다. Amazon EC2의 경우 비용이 낮은 유형부터 하이 엔드 모델까지 준비되어 있다. 이러한 부분도 정기적으로 확인해야 한다.

운영은 적절한가?

서비스를 적절하게 선택했다고 해도 잘 운영하지 못 하면 역시 비용이 들게 된다. 사용하지 않는 서비스나 실제로 불필요한 서비스를 유지하여 비용이 발생하고 있는지도 모른다. 실태 파악도 중요하다.

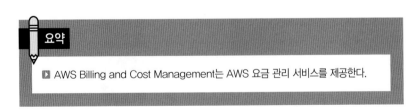

요약

▶ AWS Billing and Cost Management는 AWS 요금 관리 서비스를 제공한다.

3.6 리전과 가용 영역: 세계 각국에 존재하는 데이터 센터

리전이란 간단히 말하면 데이터 센터이다. AWS는 세계 각국에 데이터 센터가 있고, 전 세계적인 확장성을 가질 수 있다. 또한, 리전별로 가용 영역이 있어 물리적으로 독립된 시설로 되어 있다.

3.6.1 리전과 가용 영역

AWS는 전 세계 25지역(2021년 3월 현재)에 서버와 데이터 센터를 가지고 있다. 이러한 지리적 분류가 리전이다. 사용자가 서비스를 사용할 때는 지역을 지정한다. 물론 한국에도 있다. 서울 리전이다.

리전은 간단히 말하면 데이터 센터이다. 각 리전에는 여러 가용 영역(AZ)이 각각 물리적으로 독립된 설비로 설치되어 있다. 데이터 센터의 설비가 여러 장소에 분산되어 있다고 생각하면 이해하기 쉬울 것이다. AZ는 각각 클라우드의 독립된 파티션이며, 병용함으로써 서비스의 중단을 방지한다. 따라서 여러 AZ에 의한 구성은 이중화(62쪽 참조)이기도 하다.

▼ 그림 3-18 각 리전에 여러 가용 영역이 있다

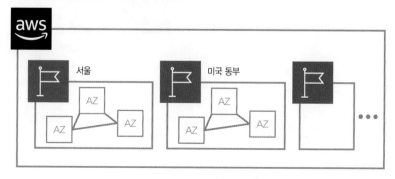

3.6.2 리전과 서비스

리전은 단순히 데이터 센터라는 의미는 아니다. 리전에 따라서 제공되는 서비스와 제공되지 않는 서비스가 있기 때문에 서비스 제공의 모체이기도 하다.

예를 들면 한국에 사는 많은 사람이 서울 리전을 선택하지만, 아직 서울 리전에서 제공하지 않는 서비스도 있다. 이럴 경우는 제공하지 않는 서비스만 미국 동부 등 다른 리전을 선택해서 사용한다.

또한, 서비스에 따라서는 서울보다도 외국 리전이 저렴하게 제공하는 경우도 있다. 비용에 민감한 경우는 다른 리전을 선택하는 경우도 있을 것이다.

참고로 어떤 리전을 선택해도 콘솔의 대시보드에서 관리하기 때문에 한국어 화면으로 조작할 수 있다.

▼ 그림 3-19 서비스에 따라 다른 리전을 선택한다

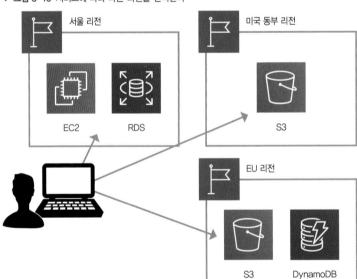

▼ 표 3-3 리전 목록(2021년 3월 기준)

코드	이름	코드	이름
us-east-1	미국 동부(버지니아주)	eu-north-1	유럽(스톡홀름)
us-east-2	미국 동부(오하이오)	ap-east1	아시아 태평양(홍콩)
us-west-1	미국 서부 (켈리포니아 북부)	ap-northeast-1	아시아 태평양(도쿄)
us-west-2	미국 서부(오레곤)	ap-northeast-2	아시아 태평양(서울)
ca-central-1	캐나다(중부)	ap-northeast-3	아시아 태평양(오사카, 로컬)
eu-central-1	유럽(프랑크푸르트)	ap-southeast-1	아시아 태평양(싱가포르)
eu-west-1	유럽(아일랜드)	ap-southeast-2	아시아 태평양(시드니)
eu-west-2	유럽(런던)	ap-south-1	아시아 태평양(뭄바이)
eu-west-3	유럽(파리)	sa-east-1	남미(상파울루)
af-south-1	아프리카(케이프타운)	me-south-1	중동(바레인)

요약

▶ 서버 및 데이터 센터의 지리적 분류를 리전이라고 부른다.

▶ 리전은 서비스 제공의 모체이다.

▶ 리전은 전 세계의 여러 지역에 있다.

▶ 리전에는 각각 물리적으로 독립된 시설인 가용 영역이 여러 곳에 있다.

memo

4장

서버 서비스 Amazon EC2

'AWS라고 하면 EC2'라고 해도 과언이 아닐 정도로 EC2는 AWS를 대표하는 서비스이다. EC2는 굉장히 자유로운 서비스라 서 다양한 설정을 할 수 있는데, 이 장에서는 EC2에 대해 자세히 알아보겠다.

4.1 Amazon EC2란: 짧은 시간에 실행 환경을 구축할 수 있는 가상 서버

AWS에서 가장 유명한 서비스라고 하면 Amazon EC2(이하 EC2)일 것이다. Amazon EC2는 컴퓨팅 용량을 제공하는 서비스로, EC2를 이용하면 서버를 간단하고 쉽게 생성할 수 있다.

4.1.1 Amazon EC2란

Amazon Elastic Compute Cloud(Amazon EC2)는 컴퓨팅 용량을 제공하는 서비스이다. 쉽게 말해서 서버에 필요한 세트를 클라우드에서 빌릴 수 있다는 뜻이다.

임대 서버는 이미 만들어진 서버 기계나 서버 기능을 빌리는 것이지만, 클라우드의 경우에는 빌린 도구를 사용하여 자신의 서버를 만든다고 생각하면 된다. 클라우드는 하드웨어의 구성과 OS의 조합을 탄력적으로 선택할 수 있고 구축이 쉽다는 특징이 있다.

착각할 수 있지만 EC2는 매니지드 서비스가 아니다. 따라서 서버 및 네트워크 운영은 AWS가 담당하지만, OS를 포함하여 필요한 소프트웨어는 사용자가 직접 설치하고 운영해야 한다.

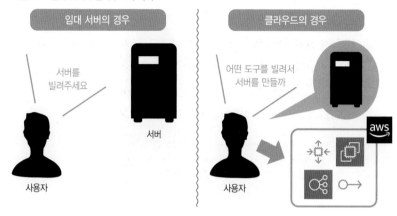

▼ 그림 4-1 임대 서버와 클라우드의 차이

임대 서버의 경우

서버를
빌려주세요

서버

사용자

클라우드의 경우

어떤 도구를 빌려서
서버를 만들까

aws

사용자

4.1.2 클릭 한 번으로 최적의 서버를 만들 수 있다

서버를 구축하려면 물리적인 기계를 준비하고, OS 및 소프트웨어를 설치하고, 네트워크와 보안을 설정해야 한다. 이렇게 하려면 서버를 구축할 수 있는 지식을 가진 기술자가 필요하다.

반면에 EC2는 서버를 직접 만든다고는 하지만 관리 콘솔에서 클릭 한 번으로 생성할 수 있기 때문에 서버에 대한 기술적 지식은 그다지 필요하지 않다. 다양한 서버 시스템의 조합(인스턴스 유형)과 OS 및 소프트웨어의 조합(AMI, 4.4절 참조)이 준비되어 있기 때문에 이를 선택하기만 하면 된다. 또한, 물리적인 기계를 준비할 필요가 없어 초기 투자 비용도 줄일 수 있다.

EC2는 매니지드 서비스가 아니므로 AWS에 의해서 강제로 업데이트되지 않는다. 따라서 자유도가 높은 반면 관리하기는 번거로운 서비스이다.

따라서 구체적인 매뉴얼보다 '어떻게 구성할까? 어느 정도의 성능이 필요할까?'와 같이 설계적인 관점이 필요하다.

❤ 그림 4-2 EC2에 서버를 생성하는 장점

누구든지 바로 사용할 수 있다	여러 가지를 선택할 수 있다
• 클릭 한 번으로 생성할 수 있다 　➡ 관리 콘솔 • 준비된 것을 선택할 수 있다 　➡ AMI, 인스턴스 유형 • 나중에 변경하기 쉬우므로 일단 시작할 수 있다 　➡ 관리 콘솔, 인스턴스 유형	• CPU와 메모리 사양이 다양하게 준비되어 있다 　➡ 인스턴스 유형 • OS나 소프트웨어의 종류가 다양하게 준비되 　어 있다 　➡ AMI • 연계하고 싶은 기능도 충실하게 되어 있다 　➡ 다른 AWS 서비스

백업을 취득하기 쉽다 ➡ 가상화 기술
어디서든지 접속 ➡ 클라우드
물리적으로 다른 여러 장소에 설치할 수 있다 ➡ 리전과 가용 영역

4.1.3 바로 생성할 수 있고 바로 삭제할 수 있다

EC2는 관리 콘솔에 로그인하고 구성을 선택하는 것만으로도 서버를 생성할 수 있다. 즉, 누구든지 서버를 쉽게 생성할 수 있으므로 '테스트용 서버를 만들고 싶을 때'나 '서버 지식이 없는 사람이 서버를 만들고 싶을 때'도 유용하다. 간편하게 사용할 수 있으며 환경 구축에 필요한 소프트웨어를 설치하는 수고를 줄일 수 있으므로 시간도 단축된다.

바로 생성할 수 있고, 바로 삭제할 수 있기 때문에 불필요한 리소스를 유지할 필요가 없다. 서버에 문제가 발생한 경우에도 즉시 복구할 수 있다. 복제 및 스케일 아웃[1] · 스케일 다운[2] 기능도 있고, 이벤트 사이트 등 일시적으로 접속이 증가하는 경우에 적합하다.

1 　동일 서버를 여러 개 늘려서 수평으로 확장하는 것이다.
2 　기존 시스템보다 작은 용량의 시스템으로 줄이는 것이다.

'바로 생성할 수 있고 바로 삭제할 수 있다'라는 것은 한마디로 '불확실성이 많은 경우'에 매우 유용하다. 접속량이 얼마나 될지 모르고, 서버 사양이 얼마나 필요할지 모르고, 테스트를 생성하거나 일시적으로 사용할 경우 등 초기에 사양을 확정하기가 어려운 경우에 매우 많은 도움이 된다.

▼ 그림 4-3 바로 생성할 수 있고 바로 삭제할 수 있는 장점

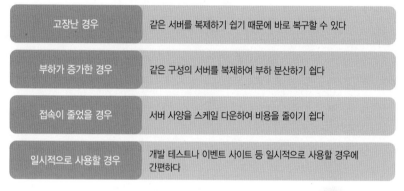

고장난 경우	같은 서버를 복제하기 쉽기 때문에 바로 복구할 수 있다
부하가 증가한 경우	같은 구성의 서버를 복제하여 부하 분산하기 쉽다
접속이 줄었을 경우	서버 사양을 스케일 다운하여 비용을 줄이기 쉽다
일시적으로 사용할 경우	개발 테스트나 이벤트 사이트 등 일시적으로 사용할 경우에 간편하다

전문 지식이 없어도 쉽게 서버를 생성할 수 있다
일일이 설치하지 않으므로 수고와 시간을 줄일 수 있다

4.1.4 인스턴스 유형 및 OS를 선택한다

이처럼 EC2는 선택의 폭이 넓어 매력적이다. EC2로 서버를 생성할 때는 인스턴스 유형을 선택하여 구성할 수 있는데, 어떤 OS를 사용할 것인가, 소프트웨어를 설치할 것인가, 어떤 AMI(4.4절 참조)를 선택할 것인지에 따라 결정된다. 인스턴스 유형과 AMI 모두 다양하게 준비되어 있어, 자신만의 소프트웨어를 설치, 설정할 수도 있고 미리 구성된 상태의 인스턴스를 사용할 수도 있다.

❤ 그림 4-4 서버를 생성할 때 선택의 폭이 넓다

미리 설치할 내용을 선택한다

| OS뿐만 아니라 소프트웨어도 설치되었고
설정도 끝난 상태의 인스턴스를 사용한다 | ⬌ | OS만 설치된 상태에 자신이
소프트웨어를 설치하고 설정한다 |

인스턴스를 선택한다

| 저사양 | ⬌ | 고사양 |

다른 것과 조합할 것인지 선택한다

| EC2만 사용한다 | ⬌ | 다른 기술과 함께 AWS를 사용한다 |

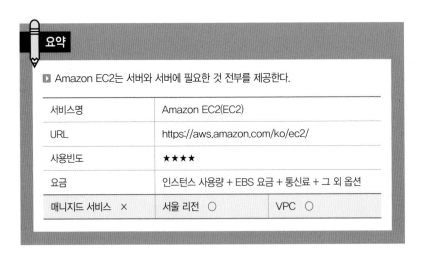

요약

▶ Amazon EC2는 서버와 서버에 필요한 것 전부를 제공한다.

서비스명	Amazon EC2(EC2)	
URL	https://aws.amazon.com/ko/ec2/	
사용빈도	★★★★	
요금	인스턴스 사용량 + EBS 요금 + 통신료 + 그 외 옵션	
매니지드 서비스 ✕	서울 리전 ◯	VPC ◯

4.2 EC2의 사용 절차: 가상 서버를 사용하기까지

EC2를 사용하려면 관리 콘솔에서 EC2 대시보드를 열고 인스턴스를 생성하면 된다. 대시보드에서는 인스턴스 유형을 선택하거나 보안 그룹을 설정할 수 있다.

4.2.1 EC2 운영

서버 관리자의 업무는 서버를 설치하거나, 서버의 하드웨어 및 주변 환경을 구축하는 물리적인 작업, 그리고 서버 OS에 로그인하여 작업하는 소프트웨어적인 작업이 있다.

전자, 즉 물리적인 작업은 클라우드 환경이 아니라면 현지에 가서 직접 케이블을 연결하여 작업하는 경우가 많지만, EC2는 관리 콘솔에서 작업할 수 있다. 소프트웨어적인 작업은 클라우드가 아닌 환경이든 EC2이든 관계없이 SSH를 이용해 원격(인터넷 경우)으로 로그인하여 작업한다. 여기서 SSH는 서버를 원격에서 작업하기 위한 프로토콜이다. 따라서 EC2도 SSH로 접속하도록 설정하는 것은 동일하다.

▼ 그림 4-5 서버를 구성할 때 물리적인 작업과 소프트웨어적인 작업

4.2.2 EC2 서비스의 기능

EC2 서비스에는 인스턴스, AMI, 키 페어 등의 기능이 있다.

자주 사용하는 서버 용어는 단어, 개념 둘 다 다르기 때문에 기능에 대한 내용을 잘 알아 두자.

▼ 표 4-1 EC2의 주요 기능

항목	내용
인스턴스	AWS 클라우드에 생성한 가상 서버를 의미한다. EC2는 다음에 설명하겠지만 AMI로 몇 번이고 같은 구성의 서버를 생성할 수 있기 때문에 생성한 서버를 이와 같이 부른다.
AMI	가상 이미지를 말한다. 인스턴스를 생성하는 기준이 되는 금형과 같은 것이다. OS만 설치된 간단한 유형부터 소프트웨어도 설정된 유형까지 다양한 AMI가 있다.
키 페어	인스턴스에 접속할 때 인증을 위해 사용하는 키이다.
EBS	AWS 클라우드에서 사용할 수 있는 스토리지이다. 인스턴스 스토리지로 사용한다.
보안 그룹	가상 방화벽으로, 1개 이상의 인스턴스 트래픽을 제한한다.
Elastic IP	정적(고정) IPv4 주소이다.

4.2.3 EC2의 사용 절차

EC2를 사용하려면 관리 콘솔에서 EC2 대시보드를 열고 인스턴스를 생성해야 한다. 인스턴스가 생성되면 SSH에 접속하면 된다.

인스턴스를 만들려면 컴퓨터 사양과 OS의 종류, 소프트웨어뿐만 아니라 네트워크와 IP 주소, 보안도 설정해야 한다. 이런 작업은 일반적인 서버와 동일하다.

❤ 그림 4-6 AWS 상의 가상 서버를 구축하는 절차

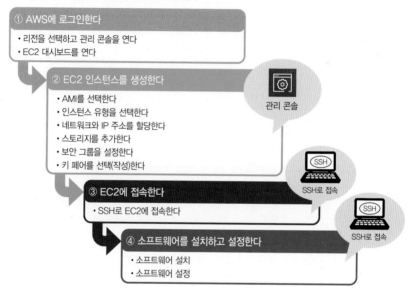

4.2.4 인스턴스 설정 항목

일반적인 서버를 생성할 때 검토해야 할 내용은 인스턴스 생성 때도 마찬가지로 정해야 한다. 예를 들면 'CPU는 XX, 메모리는 OO', 'OS는 센트OS로, 웹 서버는 아파치를 설치한다' 등 일반적으로는 하나씩 검토한다. 하지만 AWS의 경우는 다양한 인스턴스 유형과 여러 AMI를 제공하고 있으며, 잘 모르겠다면 적당한 것을 골라도 괜찮다.

❤ 표 4-2 인스턴스 설정 항목

항목	내용
AMI	EC2 인스턴스의 가상 이미지이며 소프트웨어 구성을 작성한 템플릿이다. 사용할 OS, 소프트웨어 등 어떤 인스턴스를 만들 것인지 정하고 이에 해당하는 AMI를 선택한다.
인스턴스 유형	EC2 인스턴스의 장비 사양이다. CPU, 메모리, 장비 유형을 결정한다.
리전	서버를 설치할 지역이다. 전 세계에 이중화를 고려한 경우는 다른 나라에도 설치한다.
네트워크	EC2 인스턴스를 배치할 네트워크이다. AWS의 VPC(AWS 계정 전용 가상 네트워크)에서 선택한다. VPC가 없으면 새로 생성하거나 기본 VPC를 사용한다(6장 참조).
서브넷	설치할 네트워크의 범위이다. VPC 내에 어떤 서브넷을 설치할지 선택한다. 서브넷을 선택하면 가용 영역이라고 하는 설치 장소와 어떤 범위에 사설 IP가 부여될지가 결정된다.
IAM 역할	인스턴스의 접속 권한 정책을 설정한다. 다른 서비스에 접속하고 싶을 때 할당해야 한다.
스토리지의 용량과 종류	서버 장비의 스토리지이다. OS가 설치된 장소에 있다. 기본적으로 EBS를 선택하고 사용할 디스크 용량과 스토리지의 종류를 선택한다. 용도에 따라서는 인스턴스 스토어(전원이 끊기면 데이터가 사라지지만 읽기 성능이 빨라진다. 일부 인스턴스 유형에 대응)를 선택해도 좋다. S3와 같은 외부 스토리지는 선택할 수 없다.
태그(EC2 인스턴스의 레이블)	인스턴스에 임의의 태그를 부여할 수 있다. Name 태그를 사용하여 인스턴스 이름에 부여할 수 있으므로 사용하면 편리하다.
보안 그룹	프로토콜별로 포트 혹은 IP 주소, 아니면 양쪽 모두 필터링을 설정한다.

 사설 IP 주소와 NAT

EC2 인스턴스에는 사설 IP 주소를 부여한다. NAT에 의해 공인 IP 주소로 변환된다. 리전별로 하나씩 존재하는 '기본 VPC'에는 이미 NAT가 설정되어 있고, 공인 IP 주소도 할당할 수 있다.

4.3 인스턴스 생성과 요금: 가상 서버 생성 예시

인스턴스 요금은 인스턴스와 EBS의 요금에 통신료를 합산한 것이다. 따로따로 계산해야 하기 때문에 처음에는 익숙하지 않을 수도 있지만 계산 도구를 잘 사용하면 편리하다.

4.3.1 인스턴스 생성 예시

EC2는 사용자가 설정할 수 있는 범위가 넓은 서비스이다. 하지만 그 때문에 '자, 만들어 보자!'라고 정했을 때 무엇부터 해야 할지 잘 모를 수 있다. 그래서 인스턴스를 생성하는 예시를 만들었다. 간단한 서버라면 다음 예를 참고하면 좋을 것이다.

❤ 그림 4-7 인스턴스의 생성 예시

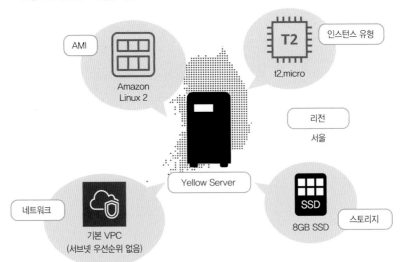

❤ 표 4-3 인스턴스 설정 값 예시

항목	설정 값 예시
AMI	Amazon Linux2
인스턴스 유형	T2.micro(4.5.2절 참조)
리전	서울
인스턴스 수	1
도입 옵션	없음
네트워크	기본 VPC(6.3절 참조)
서브넷	우선순위 없음(6.4절 참조)
배치 그룹	없음
IAM 역할	없음
종료 방식	정지
삭제 보호 활성화	없음
모니터링	없음
테넌시	공유됨 - 공유된 하드웨어 인스턴스 실행
T2/T3 무제한	없음
스토리지 용량 제한과 종류	8GB의 범용 SSD
태그	키는 Name, 값은 Yellow Serer 등 서버 명칭
보안 그룹	SSH(포트 22), HTTP(포트 80), HTTPS(포트 443) 등

COLUMN

T2/T3 무제한이란

T2/T3 무제한이란 인스턴스 유형이 T2 혹은 T3의 경우에만 한하여 표시되는 선택 사항이다. 부하가 높아졌을 때 버스트(일시적으로 고성능을 낼 수 있는 기능)를 무제한으로 쓰는 게 가능하다. 그러나 일반적인 버스트를 초과하여 사용할 경우 별도로 요금이 부과되기 때문에 계속해서 서버에 부하가 발생하는 경우는 예상 외로 비용이 증가할 수 있다.

4.3.2 인스턴스의 요금

인스턴스의 이용 요금은 다음 4가지 항목의 비용을 합한 것이다.

단위는 US달러로 표시되지만 원화로 지불된다. 변동이 심하기 때문에 실제 요금은 그때마다 AWS 웹 사이트에서 확인하는 편이 좋지만, 통상 인스턴스의 단가는 t3.nano 기준으로 1시간에 0.0052 US달러 정도이다(2021년 3월 기준). 계산하기 귀찮으면 AWS의 요금을 계산하는 도구(1.3.3절 참조)를 사용하면 된다.

> 요금 = ① 인스턴스 사용량 + ② EBS 요금 + ③ 통신 요금 + ④ 그 외 옵션

① 인스턴스 사용량(가동 시간 X 단가)
인스턴스가 가동한 시간(초) 단위로 과금된다. 정지하고 있는 동안은 과금되지 않는다. 원래 과금은 한 시간 단위였는데 2017년 9월부터 초 단위 과금으로 바뀌었다. 단위는 인스턴스 유형에 따라 다르고 고기능을 사용할 경우 비싸진다.

② EBS(스토리지) 요금(용량 X 단가)
인스턴스가 사용하는 EBS 요금이다. 보유한 용량 단위로 과금되며 스토리지 성능(SSD인지, HDD인지, IOPS 담보를 할지 여부 등)에 따라 단가가 달라진다. 보유한 용량 단위이며 저장 용량 단위가 아니므로 주의하자. 인스턴스와는 달리 정지하고 있는 동안에도 요금이 부과된다.

③ 통신 요금(아웃바운드 통신 요금)
인스턴스의 통신 요금이다. 인터넷에서 인스턴스로 들어오는(인바운드) 통신료는 무료이며 인스턴스에서 인터넷으로 나가는 통신(아웃바운드)만 요금이 부과된다. 요금은 리전에 따라서 조금 다르다.

④ 그 외 옵션
Elastic IP 서비스 등 옵션을 사용할 경우 해당 요금이 추가된다.

COLUMN AWS 가입 후 1년간 특전

AWS에 가입 후 1년간 특전으로 t2.micro를 750시간/월 범위 안에서 무료로 사용할 수 있다. 750시간이란 대략 서버 1대의 1달분이다. 그 외에 EBS는 30GB까지, 통신료는 15GB까지 무료로 사용할 수 있다.

COLUMN EC2가 적합하지 않는 경우

간단하고 선택의 폭이 넓은 점이 매력인 EC2이지만 적합하지 않는 경우도 있다.

예를 들면 단순한 서버 1대로 구성되어 그다지 변화가 없는 시스템의 경우라면 AWS의 장점을 살릴 수 없으므로(확장성, 다기능) EC2를 사용하는 이점이 없다. 또한, EC2는 스스로 관리해야 한다는 점을 전제로 하기 때문에 운영하는 데 수고로울 수 있다. '단순히 구축만 하는' 시스템에는 적합하지 않다는 점을 염두에 두자.

요약

▶ 인스턴스를 생성할 때 AMI와 인스턴스 유형을 선택한다.

▶ 인스턴스 요금은 설정에 따라 다르다.

4.4 AMI: OS 및 소프트웨어가 설치된 디스크 이미지

Amazon Machine Image(AMI)는 EC2를 지탱하는 중요한 요소 중 하나이다. AMI를 사용하면 동일한 인스턴스를 대량으로 쉽게 생성할 수 있다. 동일한 인스턴스를 여러 개 생성할 수 있을 뿐만 아니라 공식 AMI를 사용하여 쉽게 생성하는 것도 가능하다.

4.4.1 AMI와 인스턴스

AMI(Amazon Machine Image)란 소프트웨어 구성을 기록한 템플릿이다. 인스턴스(가상 서버)를 생성하기 위한 금형과 같은 것으로 금형을 한 번 만들어 두면 얼마든지 같은 설정의 서버를 생성하는 것이 가능하다.

❤ 그림 4-8 AMI는 인스턴스를 생성하기 위한 금형과 같은 것이다

금형에서 초합금 로봇이 대량으로 만들어지듯이

AMI에서 같은 인스턴스를 생성할 수 있다

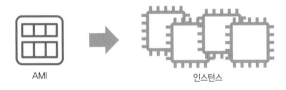

AMI　　　　　　　　　　　　인스턴스

같은 설정의 서버를 얼마든지 생성할 수 있다면 같은 서버를 여러 대 구축해야 할 경우에 편리하다. 즉, 같은 서버를 생성하거나 삭제하기가 쉽다는 의미이다. 특히 소프트웨어 설정까지 동일한 상황이라면 매우 유용하다.

동일한 서버가 여러 개 필요할 때 서버마다 '서버 OS를 설치하고, 아파치를 설치하고, 소프트웨어를 설치하고, 각각을 설정하고'와 같은 작업을 반복해야 하므로 시간과 노력이 많이 들지만, AMI를 사용하면 단 몇 분만에 동일한 서버를 만들 수 있다.

▼ 그림 4-9 AMI에서는 같은 설정의 서버를 얼마든지 생성할 수 있다

AMI로 같은 설정의 서버를 복제할 수 있다

AMI가 없었다면 한 대씩 설정해야 한다

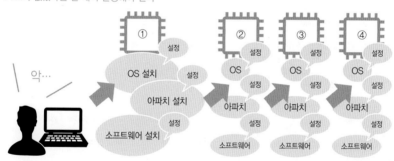

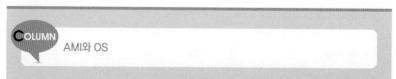

COLUMN AMI와 OS

AMI는 서버 디스크에 설치된 내용이 통째로 들어 있다. AMI에서 인스턴스를 생성하면 전부 복사된다. 따라서 어떤 AMI라도 반드시 OS는 설치되어 있다. 또한, 워드프레스만 쓰기가 가능하게 혹은 일부 데이터만 쓰기가 가능하도록 하는 것은 불가능하다.

4.4.2 제공되는 OS 이미지

AMI는 AWS 공식 AMI만 있는 것이 아니다. OS나 소프트웨어의 커뮤니티판, 기업이 생성한 AMI도 제공한다. 이러한 AMI는 바로 사용할 수 있는 상태로 설정되어 있는 경우가 많고, 새로운 버전도 빨리 제공하기 때문에 굉장히 편리하다. AMI에 따라서는 이용에 따른 별도 요금이 발생하는 경우도 있다.

▼ 표 4-4 주요 AMI

AMI	내용
Amazon Linux	아마존이 제공하는 레드햇(Red Hat) 기반 리눅스
CentOS	센트OS(CentOS) 리눅스
Red Hat Enterprise Linux	레드햇 리눅스
Debian GNU/Linux	데비안(Debian) 리눅스
Ubuntu Server	우분투(Ubuntu) 리눅스
SUSE Linux Enterprise Server	수세(SUSE) 리눅스
Microsoft Windows Server	윈도 서버(Windows Server)
LAMP Certified by Bitnami	리눅스와 아파치, MySQL PHP 서버
Tomcat Certified By Bitnami	자바 서블릿을 움직이는 톰캣(Tomcat) 서버
WordPress powered by AMIMOTO	블로그 시스템 워드프레스(WordPress)
Movable Type	블로그 시스템 무버블 타입(Movable Type)
NGINX Open Source Certified by Bitnami	웹 서버인 엔진엑스(Nginx) 서버
Redmne Certified by Bitnami	진행 현황 관리 도구인 레드마인(Redmine) 서버
NextCloud Powered by IVCISA	파일 공유 도구인 NextCloud 서버
SFTP Gateway	암호화 FTP 서버

4.4.3 AMI 요금

AMI는 경우에 따라서 무료와 유료가 있다. 예를 들어 마이크로소프트가 제공하는 윈도 서버와 같이 원래 유료인 소프트웨어는 AMI에서도 유료이다.

또한, AMI를 개인이 생성할 경우에는 이미지의 용량에 따라서 요금이 부과된다.

4.4.4 AMI를 직접 만들어 보자

AMI는 개인이 만들 수 있다. 따라서 같은 구성의 서버를 복제하거나, 구축한 서버의 백업용으로 사용하면 편리하다. 또한, 생성한 AMI는 마켓플레이스라는 장소에서 배포할 수 있다. AMI는 EC2 인스턴스에서 생성하며, 기본이 되는 인스턴스를 개인의 취향에 맞게 필요한 소프트웨어를 설정한 후 AMI로 내보낸다.

❤ 그림 4-10 개인이 만든 AMI는 복제와 배포가 가능

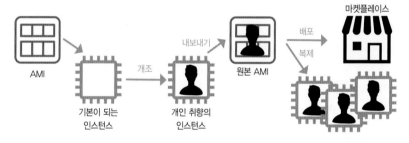

마켓플레이스

AMI   기본이 되는 인스턴스   개조   개인 취향의 인스턴스   내보내기   원본 AMI   배포 복제

COLUMN   마켓플레이스란

마켓플레이스란 AWS에서 AMI를 배포할 수 있는 장소이다. 유료, 무료에 관계없이 사용한다. 현재 수천 개의 AMI가 공개되어 있고, 인스턴스를 생성할 때 사용할 수 있다.

개인이나 기업·커뮤니티에서 만든 AMI가 있다. 단, AMI가 반드시 안전하다는 보증은 없기 때문에 배포자를 잘 확인하고 사용하자.

4.5 인스턴스 유형: 용도에 맞게 머신을 선택하자

EC2는 다양한 인스턴스 유형을 가지고 있다. 범용적인 것부터 컴퓨팅에 최적화된 것, 메모리에 최적화된 것까지 다양하게 선택할 수 있다. 인스턴스는 크기와 용도에 맞게 선택할 수 있다.

4.5.1 인스턴스 유형이란

인스턴스 유형이란 머신의 용도이다. CPU, 메모리, 스토리지, 네트워크 용량 등이 용도에 맞게 조합되어 있다. 일반적으로 사용하는 PC도 '가격이 비쌀수록 처리 속도가 빠르다, 처리는 보통이지만 가격이 싸다'와 같이 사양을 선택하는 것처럼 서버용 머신도 성능을 선택할 수 있다. 용도는 다섯 가지로 구분되어 있고 각 여러 인스턴스 유형이 존재한다.

❤ 그림 4-11 인스턴스 유형의 용도와 명칭

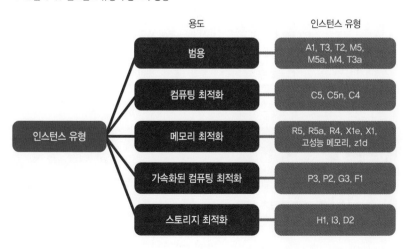

4.5.2 인스턴스의 유형과 크기

인스턴스의 유형과 크기를 선택한다. 이 두 가지의 조합이 성능을 의미한다. 예를 들어 T2라고 하는 일시적으로 성능을 올려주는 버스트 기능을 지원하는 범용 인스턴스 유형이 있다. T2에는 nano, micro, small, medium, large, xlarge, 2xlarge, 4xlarge 8종류의 크기가 있고, 규모에 맞춰서 선택하는 것도 가능하다. 그렇기 때문에 인스턴스를 선택하는 경우는 t2.micro처럼 유형과 크기를 붙여서 표기한다. 유형과 크기에 따라 단가가 달라진다. 단가 × 사용 시간이 기본 요금이다.

❤ 그림 4-12 인스턴스 유형의 표기 예시

❤ 표 4-5 주요 인스턴스 유형

용도	인스턴스 유형	내용
범용	T2, T3, M5, M4 등	일반적인 서버이다. 부하가 일정한 서버의 경우 사용하며, 버스트 기능을 지원하는 유형도 있다.
컴퓨팅 최적화	C5, C4 등	연산 능력이 높은 서버이다.
메모리 최적화	X1e, X1 등	메모리 액세스 속도를 높인 서버이다.
	R4	대용량 메모리를 탑재한 서버이다.
가속화된 컴퓨팅 최적화	P3, P2, G3, F1	머신 러닝 등에 사용되는 GPU를 탑재한 유형 및 그래픽 기능이 높은 유형이다.
스토리지 최적화	H1, I3, D2 등	스토리지를 최적화한 유형이다. I3는 SSD 기반이다.

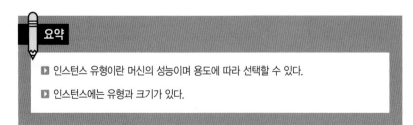

요약

▷ 인스턴스 유형이란 머신의 성능이며 용도에 따라 선택할 수 있다.

▷ 인스턴스에는 유형과 크기가 있다.

4.6 Amazon EBS: Amazon EC2의 스토리지 볼륨

Amazon EBS(이하 EBS)는 스토리지 볼륨이다 EC2와 조합하여 사용한다.
EBS에도 종류가 있고 고성능과 저비용이 있으며 어느 쪽이든 선택할 수 있다.
또한, SSD와 HDD 두 가지가 있다.

4.6.1 EBS란

Amazon EBS(Amazon Elastic Block Store)는 영구적인 블록 스토리지 볼륨이다.
EC2 인스턴스와 조합하여 사용한다.

스토리지는 쉽게 말해서 데이터를 기록하는 장소로, 대표적인 스토리지는
HDD와 SSD이다. 블록 스토리지 볼륨은 데이터를 바이트 블록 단위로 디스크
에 저장하는 일반적인 방식이다. 한편 같은 AWS 서비스인 Amazon S3는 오브
젝트 스토리지라고 하는 방식을 채용하고 있다.

EBS는 HDD와 SSD를 선택할 수 있다. HDD는 대용량을 지원하며 SSD에
비해 가격이 싸지만 성능이 낮다. SSD는 가격이 조금 비싸지만 IOPS(Input
Output Per Second)(1초간 처리할 수 있는 입출력 수)가 빠르다. 고성능이라면
SSD로, 저비용이라면 HDD가 적합하다.

❤ 그림 4-13 HDD와 SSD의 차이

보통	읽기 쓰기 속도	빠르다
보통	가격	높다
조금 높다	소비 전력	보통
약하다	내구성	강하다
이중화되어 있다	고장	이중화되어 있다

HDD
(Hard Disk Drive)

SSD
(Solid State Drive)

4.6.2 EBS의 볼륨 유형

HDD, SSD 두 형태 모두 IOPS 성능을 보장하는 유형과 스루풋에 최적화된 유형 등의 볼륨 유형이 있어서, 성능과 요금을 비교해 보고 선택할 수 있다.

4.6.3 EBS의 기능과 요금

EBS에는 여러 가지 편리한 기능이 있다.

❤ 표 4-6 EBS의 기능

탄력적 볼륨	볼륨 크기를 간단히 조정할 수 있는 기능이다.
스냅샷	어떤 시점의 데이터를 통째로 저장하는 기능이다.
데이터 라이프 사이클 매니저	일정에 따라서 스냅샷을 생성, 삭제하는 기능이다.
최적화 인스턴스	특정 인스턴스 유형을 최적화 인스턴스로써 읽기 쓰기를 고속화하는 기능이다.
암호화	데이터 볼륨, 부팅 볼륨 및 스냅샷을 암호화하는 기능이다. KMS(AWS Key Management Service, 키를 생성/관리할 수 있는 기능)를 사용할 수 있다.

요금은 '단가 × 저장 시간'으로 산출할 수 있다. 저장한 용량 단위의 과금(기가 바이트 단위)이다. 즉, 사용 여부와 관계없이 저장하고 있는 용량만큼 비용이 부과된다. 서버(인스턴스)를 정지해도 요금이 부과된다. 또한, 단가는 디스크의 종류에 따라 다르다.

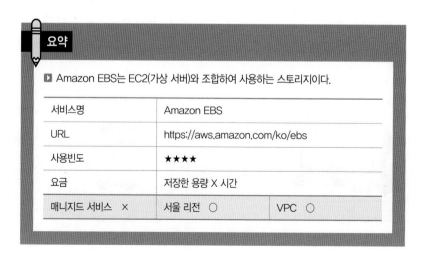

4.7
SSH를 사용한 접속과 키 페어: 공개키 암호 방식을 이용한 접근 관리

일반적으로 EC2도 서버에 설치한 소프트웨어의 SSH로 관리한다. 이때 키 페어라는 방식을 사용하는데, 키 페어 파일을 분실하면 서버 자체를 다시 만들어야 하므로 조심해서 다루도록 하자.

4.7.1 SSH로 접속하기

서버 성능을 올리거나 내리거나 백업하는 등 서버의 전반적인 작업은 관리 콘솔에서 수행한다. 하지만 서버에 설치한 소프트웨어를 조작하려면 SSH 방식을 사용해 원격 접속으로 조작하는 것이 일반적이다.

따라서 서버에서 SSH를 사용하기 위한 프로그램(데몬)을 기동하고, 클라이언트에는 조작하기 위한 소프트웨어를 설치해야 한다. 서버에 SSH를 사용하기 위한 프로그램을 설치하지 않아도 OS에 이미 설치되어 동작하고 있다. 클라이언트는 Putty(퍼티)나 Tera Term과 같은 소프트웨어를 주로 사용한다.

❤ 그림 4-14 서버에 SSH로 접속한다

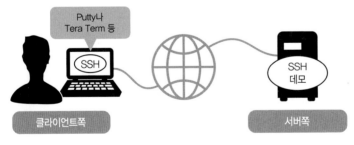

4.7.2 키 페어란

키 페어는 로그인할 때 인증으로 사용하며, 공개키와 비밀키로 된 한 쌍을 말한다. 공개키 방식이라고 불리며 자물쇠를 잠그는 키와 자물쇠를 여는 키를 공개키와 비밀키로 조합하여 사용하는 방법이다. 자신 외에도 공개된 키를 '공개키', 자신만 알고 있는 키를 '비밀키(개인키)'라고 하며, 두 가지 키는 한 세트이다. AWS는 이 두 키를 파일 하나로 취급한다.

SSH로 서버(인스턴스)에 접속할 때 인스턴스쪽에서 키 페어에 포함되어 있는 '공개키'를 지정하고, 클라이언트쪽 소프트웨어에는 내려받은 '키 페어 파일'을 '비밀키'로 설정하여 사용한다. 키 페어는 생성했을 때만 내려받기가 가능하며 재발행이 안 된다. 잊어버렸을 경우에는 서버를 재구축해야 한다.

다른 리전에서는 사용할 수 없지만 같은 리전의 서비스라면 공통의 키 페어를 사용할 수 있다. 추가 비용이 들지 않는다.

❤ 그림 4-15 키 페어를 사용해서 서버에 로그인한다

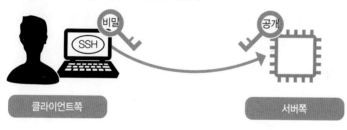

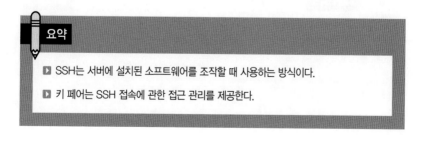

요약

▶ SSH는 서버에 설치된 소프트웨어를 조작할 때 사용하는 방식이다.

▶ 키 페어는 SSH 접속에 관한 접근 관리를 제공한다.

4.8 Elastic IP 주소: 고정 공인 IP 주소를 부여

AWS에는 고정 IP(정적인 IP) 주소로 Elastic IP(탄력적인 IP) 주소를 제공하고 있다. Elastic IP 주소는 AWS 계정에 속해 있기 때문에 인스턴스를 삭제해도 계속 사용할 수 있다.

4.8.1 Elastic IP 주소란

Elastic IP 주소는 AWS가 제공하는 정적인 공인(public) IPv4 주소이다. EC2 인스턴스는 정지 후 다시 시작하면 공인 IP 주소가 바뀌게 된다. 이는 서버로서 사용하는 데 문제가 된다. 그래서 고정 IP 주소를 인스턴스와 연결해야 하고, 이때 고정 IP로 사용되는 것이 Elastic IP 주소이다.

❤ 그림 4-16 EC2가 정지하면 공인 IP 주소가 바뀐다

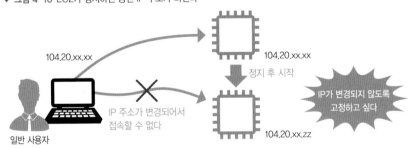

104.20.xx.xx

104.20.xx.xx

정지 후 시작

IP 주소가 변경되어서 접속할 수 없다

104.20.xx.zz

IP가 변경되지 않도록 고정하고 싶다

일반 사용자

4.8.2 Elastic IP 주소의 확보와 부여

Elastic IP 주소는 AWS 계정에 연결되어 있다. 인스턴스 단위가 아니므로 IP 주소를 부여한 인스턴스를 삭제해도 확보한 IP 주소는 그대로 AWS 계정에서 소유하는 것이 가능하다. 보유하고 있는 IP 주소는 다른 인스턴스나 네트워크에 부여할 수도 있다.

▼ 그림 4-17 Elastic IP 주소는 AWS 계정 단위의 계약이다

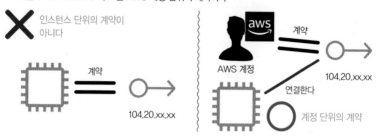

또한, 인스턴스에 이미 할당되어 있는 공인 IP 대신 Elastic IP 주소를 할당하면 AWS 공인 IPv4 주소 풀(인스턴스에 할당하기 위해 확보한 IP 주소)로 되돌아간다. 이미 할당되어 있는 IP 주소는 Elastic IP 주소로 사용할 수 없다. 또한, Elastic IP 주소는 리전에 속하므로 다른 리전이 보유하고 있는 Elastic IP 주소 역시 사용할 수 없다.

4.8.3 Elastic IP 주소의 요금

Elastic IP 주소의 요금은 조금 특수하다. 기본적으로 인스턴스에 부여된 IP 한 개는 무료이고, 추가로 IP를 연결하면 IP는 시간에 비례하여 요금이 부과된다. 또한, 소유한 IP가 중지된 인스턴스나 분리된 네트워크에 연결된 경우에도 시간당 요금이 부과된다. 따라서 사용하지 않는 IP 주소는 해지하는 것이 좋다.

▶ Elastic IP 주소는 고정 공인 IP 주소를 제공한다.

서비스명	Elastic IP	
URL	https://docs.aws.amazon.com/ko_kr/AWSEC2/latest/UserGuide/elastic-ip-addresses-eip.html	
사용빈도	★★★	
요금	추가 주소 + 미사용 주소 + 주소 매핑	
매니지드 서비스　×	서울 리전　○	VPC　○

Elastic Load Balancing: 트래픽을 분배하는 분산 장치

AWS는 로드 밸런서로 Elastic Load Balancing(이하 ELB)을 제공한다. 트래픽을 잘 분산하여 서버를 안정적으로 운영할 수 있다.

4.9.1 ELB란

ELB(Elastic Load Balancing)는 AWS가 제공하는 로드 밸런서이다. 로드 밸런서는 서버에 집중되는 접속(트래픽)을 서버 여러 대나 네트워크에 분배하는 방식이다. 서버 한 대에 집중되는 부하를 분산시키기 때문에 부하 분산 장치라고도 한다.

❤ 그림 4-18 로드 밸런서에 의한 트래픽 분산

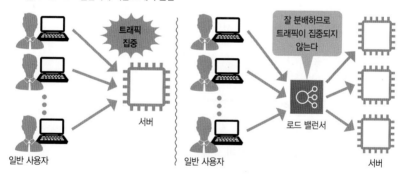

일반 사용자   일반 사용자   로드 밸런서   서버

4.9.2 ELB의 종류

ELB에는 ALB, NLB, CLB 세 종류가 있다.

ALB(Application Load Balancer)

HTTP 및 HTTPS에 가장 적합한 로드 밸런서이다. OSI 모형의 애플리케이션 계층(구체적인 통신을 제공하는 계층)에서 동작한다. 요청되는 명령어의 내용을 보고 판단하기 때문에 대상의 URL 디렉터리 단위로 분배하는 것이 가능하다.

인스턴스와 로드 밸런서 사이의 통신은 암호화가 가능하다는 것도 특징 중 하나이다. 하지만 분배 대상으로 정적 IP 주소를 설정하고 그 IP를 가진 호스트 (기기)로 전송할 수 없다.

- 지원 프로토콜: HTTP, HTTPS

NLB(Network Load Balancer)

OSI 모형의 전송 계층(전송된 데이터의 제어를 담당하는 계층)에서 동작한다. 패킷이라고 불리는 단편 데이터밖에 볼 수 없기 때문에 ALB만큼 상세하게 분배할 수 없다. 대신 분배 대상의 정적 IP 주소를 설정할 수 있고 서버에 접속한 클라이언트의 IP 주소를 그대로 서버에 전송하도록 설정할 수도 있다.

- 지원 프로토콜: TCP, TLS

CLB(Classic Load Balancer)

오래된 유형의 로드 밸런서이다. 지원하는 프로토콜이 많다는 것이 장점이지만 앞으로 구축할 시스템에는 사용하지 않는 것을 권장한다.[3]

- 지원 프로토콜: TCP, SSL/TLS, HTTP, HTTPS

---

3   역주 ELB 이전 세대의 로드 밸런서로, ALB나 NLB로 대체되고 있어 요즘은 많이 쓰지 않는 추세이다.

4.9.3 ELB의 요금

ALB와 NLB의 요금은 시간당 사용 요금과 LCU(로드 밸런서 용량 단위) 요금의 합계로 계산한다. 참고로 ALB의 단가는 1시간당 0.0225 US달러, LCU 요금은 1시간당 0.005 US달러 정도이다(2021년 3월 기준).

> 요금 = ① 사용 요금 + ② LCU 요금

> **① 사용 요금(사용 단가 X 시간)**
> 사용 요금은 ELB의 종류별로 단가가 결정되면 여기에 시간을 곱한 금액이다.
>
> **② LCU 요금(LCU 사용량 X LCU 단가 X 시간)**
> LCU 요금은 측정 항목 4가지에 대해서 LCU 사용량이 '어떤 LCU 항목'에 해당하는지 환산하고 가장 큰 항목만 과금 대상으로 한다. 마찬가지로 LCU 사용량과 단가에 시간을 곱해서 산출한다.

LCU 요금을 산출하려면 먼저 LCU의 4가지 항목에 대해서 LCU 사용량을 환산하고 비교해야 한다. 4가지 항목은 다음과 같다.

▼ 그림 4-19 LCU의 4가지 항목

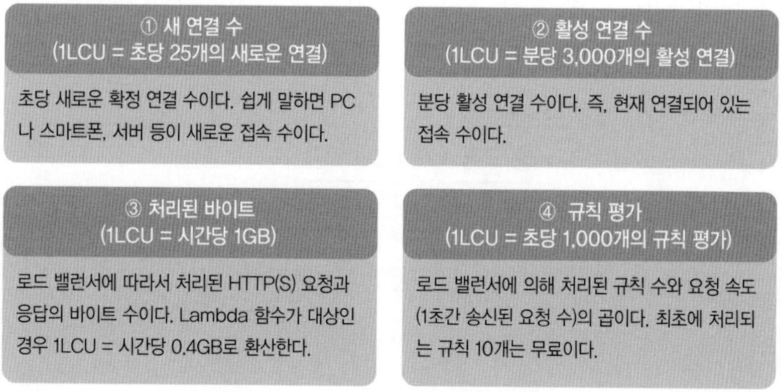

① 새 연결 수 (1LCU = 초당 25개의 새로운 연결)	② 활성 연결 수 (1LCU = 분당 3,000개의 활성 연결)
초당 새로운 확정 연결 수이다. 쉽게 말하면 PC나 스마트폰, 서버 등이 새로운 접속 수이다.	분당 활성 연결 수이다. 즉, 현재 연결되어 있는 접속 수이다.
③ 처리된 바이트 (1LCU = 시간당 1GB)	④ 규칙 평가 (1LCU = 초당 1,000개의 규칙 평가)
로드 밸런서에 따라서 처리된 HTTP(S) 요청과 응답의 바이트 수이다. Lambda 함수가 대상인 경우 1LCU = 시간당 0.4GB로 환산한다.	로드 밸런서에 의해 처리된 규칙 수와 요청 속도 (1초간 송신된 요청 수)의 곱이다. 최초에 처리되는 규칙 10개는 무료이다.

요금의 산출 예

다음 표와 같이 로드 밸런서의 사용 예가 있다고 하자. LCU 사용량으로 환산한 결과를 구하려면 다음과 같은 식을 사용한다.

▼ 표 4-7 로드 밸런서의 사용 예

항목	예	LCU로 환산한 결과
새로운 연결 수	평균 1개/1초	0.04 LCU
활성 연결 수	120개의 활성 연결 수 /1분	0.04 LCU
처리 바이트	평균 1.08GB 데이터의 전송/1시간	1.08 LCU
규칙 평가	최대 250개/1초	0.25 LCU

LCU 사용량 산출 방법

- 새로운 연결 수   초당 새로운 연결 수/25

- 활성 연결 수   분당 활성 연결 수/3000

- 처리 바이트   시간당 처리 바이트/1GB

- 규칙 평가   초당(처리 규칙 − 10) × 요청 수/1000

계산하면 1.08 LCU인 '처리 바이트'의 수치가 가장 높기 때문에 이 항목이 요금을 산출하는 대상이 된다.

▼ 그림 4-20 LCU 사용량 산출 방법

CLB의 경우는 요금 계산이 간단하다. 사용 요금(사용 단가 X 시간)과 처리 요금(처리 단가 X 처리량)의 합계로 구할 수 있다.

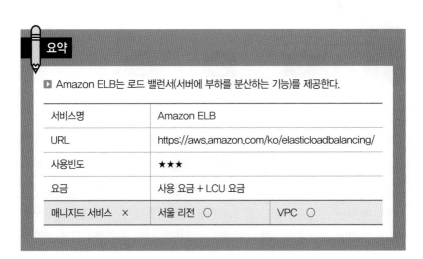

요약

▶ Amazon ELB는 로드 밸런서(서버에 부하를 분산하는 기능)를 제공한다.

서비스명	Amazon ELB		
URL	https://aws.amazon.com/ko/elasticloadbalancing/		
사용빈도	★★★		
요금	사용 요금 + LCU 요금		
매니지드 서비스 ✕	서울 리전 ○	VPC ○	

스냅샷: 서버 데이터 백업

스냅샷을 작성하여 Amazon EBS 볼륨의 데이터를 Amazon S3에 백업할 수 있다. 생성된 스냅샷은 바로 사용 가능한 복제본이며 백업용으로 많이 사용된다.

4.10.1 스냅샷이란

스냅샷(snapshot)이란 어떤 시점의 서버 디스크 상태를 통째로 보존한 파일이나 폴더 등의 집합이다. 통째로 보존하기 때문에 데이터나 소프트웨어뿐만 아니라 OS와 설정 정보 등도 모두 포함된다.

소프트웨어나 OS 갱신 작업 등을 할 때 무언가 문제가 발생하면 바로 되돌릴 수 있도록 백업하기 위해 스냅샷을 사용하는 경우가 많다. 또한, 개인이 AWS 에서 AMI를 만들기 위해 스냅샷을 사용하기도 한다.

▼ 그림 4-21 스냅샷은 특정 시점의 서버 상태

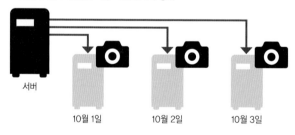

AWS는 Amazon EBS 볼륨의 데이터를 스냅샷으로 보존할 수 있다. 단, 최초 에는 통째로 보존하지만 두 번째 이후는 차분(증분)만 보존한다. 이는 스냅샷의 비용이 높아지지 않도록 하기 위한 아마존의 친절함일지도 모른다. 스냅샷을 삭제하면 해당 스냅샷 고유의 데이터만 삭제된다. 이는 최초 데이터를 삭제할

경우 두 번째 스냅샷을 취득했을 때 변경되지 않은 부분(고유 데이터)만 두 번째 스냅샷으로 합쳐진 후 삭제된다.[4]

4.10.2 EBS 스냅샷을 생성하는 방법

스냅샷은 관리 콘솔에서 볼륨 단위(스토리지 전체)로 선택하여 생성한다. 생성한 스냅샷을 기반으로 EBS 볼륨을 생성하면 새로운 볼륨은 원래 볼륨의 복제가 된다.

AMI를 작성하고 싶을 때도 스냅샷으로 작성한다.

또한, 데이터 수명 주기 관리자(Amazon DLM)를 사용하면 스냅샷의 생성, 삭제를 자동화할 수 있다. 스냅샷을 정기적으로 생성하면 서버가 망가졌을 때 대응할 수 있다.

스냅샷의 요금은 생성한 스냅샷의 분량 단위(GB 단위)로 발생한다.

COLUMN 스냅샷의 보존 장소

스냅샷의 데이터 보존 장소는 Amazon S3이지만 스냅샷의 파일은 사용자가 자유롭게 다운로드할 수 없다. 사용자가 S3를 사용할 때의 영역(저장소 혹은 저장 장소)과는 다른 영역으로, 볼 수 없는 장소에 보존된다. 그 대신 S3 요금은 발생하지 않는다.

4 　역주　다음 URL을 참고하기 바란다. https://docs.aws.amazon.com/ko_kr/AWSEC2/latest/UserGuide/ebs-deleting-snapshot.html

요약

▶ 스냅샷은 특정 시점의 서버 디스크 상태를 보존하는 기능이다.

서비스명	스냅샷	
URL	https://docs.aws.amazon.com/ko_kr/AWSEC2/latest/UserGuide/EBSSnapshots.html	
사용빈도	★★★	
요금	스냅샷의 용량	
매니지드 서비스 ✕	서울 리전 ○	VPC ○

4.11 오토 스케일링: 수요에 맞춰 EC2 대수를 증감

AWS의 장점 중 하나는 유연성이 높다는 것이다. 인스턴스를 쉽게 늘리거나 줄일 수 있다. 이러한 인스턴스의 증감을 자동으로 실행하는 것이 오토 스케일링 (Auto Scaling)이다.

4.11.1 오토 스케일링이란

오토 스케일링이란 서버의 액세스 상태에 따라 서버 대수를 늘리거나 줄이는 기능이다. EC2 외의 서비스를 지원하는 오토 스케일링도 있다.

AWS는 EC2 Auto Scaling을 단독으로 사용할 뿐만 아니라 CloudWatch에서 서버의 부하 정보(CPU 부하, 네트워크 통신량 등) 데이터를 참조하여 스케일링에 참고할 수도 있다.

❤ 그림 4-22 액세스 상태에 따라서 서버를 증감한다

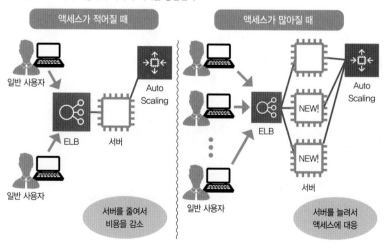

4.11.2 감시와 인스턴스 수의 결정

오토 스케일링을 시작하려면 'Auto Scaling 그룹'(인스턴스의 집합)을 생성하고 그룹에 인스턴스(서버)의 최소 대수와 최대 대수를 설정해야 한다. 그러면 이 범위 안에서 인스턴스 수가 증감한다. Auto Scaling 그룹은 서버 시작에 필요한 AMI와 키 페어, 보안 그룹 등을 설정해야 한다.

인스턴스의 증감에는 3가지 방법이 있다.

---

① EC2 인스턴스가 정지한 경우에 분리하고 새로운 EC2 인스턴스를 생성하는 방법

② 일정에 맞춰 스케일링하는 방법

③ CPU와 네트워크의 부하를 참고하여 특정 임계 값을 넘을 때 인스턴스 수를 자동적으로 증감하는 방법

오토 스케일링의 요금은 무료이다. 하지만 CloudWatch를 사용할 경우 모니터링에 관련된 요금이 부과된다.

요약

▶ 오토 스케일링은 액세스 상태에 따라 서버 대수를 증감하는 기능이다.

서비스명	Auto Scaling
URL	https://aws.amazon.com/ko/ec2/autoscaling/
사용빈도	★★★
요금	오토 스케일링 자체는 무료이다. 스케일 업에 의한 Amazon EC2나 Amazon CloudWatch 등의 서비스 증가분의 요금이 부과된다.

매니지드 서비스 ×	서울 리전 ○	VPC ○

C OLUMN 조합이 쉬운 Amazon EC2

Amazon EC2는 다른 서비스와 조합하여 시스템 전체를 구축하는 경우가 많다. 조합할 때 자주 사용되는 서비스는 Elastic IP, EBS, ELB 외에도 S3(스토리지), RDS(데이터베이스 서비스) 등이 있다.

▼ 그림 4-23 EC2의 기능과 다른 서비스의 연계

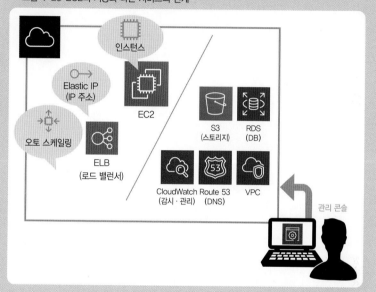

▼ 표 4-8 EC2와 많이 조합하는 AWS 서비스

항목	내용
Amazon S3	인터넷용 스토리지 서비스
Amazon RDS	관계형 데이터베이스 서비스
Amazon CloudWatch	모니터링 · 관리 서비스
Amazon Route 53	DNS 서비스
Amazon VPC	가상 사설 클라우드

memo

5장

스토리지 서비스
Amazon S3

Amazon S3는 AWS가 제공하는 스토리지 서비스로, 단순한 스
토리지 서비스는 아니다. 매우 견고하고 스마트한 시스템으로 파일
을 보존하는 것은 기본이고, 그 외에 다양한 편리한 기능도 갖추고
있다.

5.1 Amazon S3란: 사용하기 쉬우며 기능이 강력한 스토리지 서비스

Amazon S3(이하 S3)는 객체 스토리지 서비스로, 단순한 스토리지 서비스만 제공하는 것은 아니다. 설정에 따라서 정적 웹 서버로 공개하거나 쿼리를 사용할 수 있는 등 편리한 기능을 다양하게 갖추고 있다.

5.1.1 Amazon S3란

Amazon S3(Amazon Simple Storage Service)는 스마트한 객체 스토리지 서비스이다. 여기서 객체 스토리지는 데이터를 객체 단위로 관리하는 형식을 말한다. 웹 서버나 회사 내의 파일 서버와 같이 인터넷상에 데이터를 저장하는 장소를 제공해주는 것이다. 용량 제한이 없으므로 '나중을 대비해서 넉넉하게 확보'할 필요 없이 최소한의 용량만으로 시작해도 된다.

S3의 가장 큰 특징은 기능이 많다는 점이다. 누구든지 쉽게 다룰 수 있도록 다양한 기능을 제공하는데, 대표적인 기능은 웹 서버 기능(5.6절 참조)과 쿼리 기능(5.10절 참조)이다. 간단하게 웹 서버를 구축하거나 쿼리를 이용해 집계할 수도 있다. 물론 클라우드이기 때문에 확장이나 축소도 간단하고, 사용한 만큼 지불하면 되므로 초기 투자 비용도 최소한으로 할 수 있다.

▼ 그림 5-1 Amazon S3의 개요

5.1.2 견고하고 스마트한 스토리지 서비스

S3는 다양한 기능을 갖추고 있는 것뿐만 아니라 사용하기 쉽고 견고하다는 것
도 특징이다.

✔ 그림 5-2 S3는 견고한 서비스

✔ 그림 5-3 S3의 특징

확장성

EC2와 마찬가지로 확장, 축소가 쉽다. 사용 목적에 맞게 다양한 스토리지 클래스가 준비되어 있고 수명
주기 정책을 사용하여 자동으로 이동이 가능하다.

가용성 · 내구성

99.999999999%의 데이터 내구성을 가지고 있어 장애나 오류, 위협에 강하다. S3 객체는 최소 4개의
가용 영역에 자동으로 복제되어 보존되기 때문에 어느 한쪽에 장애가 발생하더라도 계속 사용할 수 있다.

신뢰성

암호화 기능과 접근 관리 도구가 있어 공격으로부터 지키기 쉽다. 각종 규정을 준수하며 감사 기능을 갖추
고 있다.

다양한 관리 기능

스토리지 클래스 분석, 수명 주기 정책 등을 시작으로 각종 관리 기능이 있다. 관리 기능을 사용하면 실제
사용 환경에 맞는 스토리지 클래스를 선택하는 것이 가능하다.

스마트한 기능

S3 Select라는 데이터에 쿼리를 실행하는 기능과 서비스가 있다. 그 외에 Amazon Athena, Amazon
Redshift Spectrum 등의 분석 서비스와 호환되고, AWS Lambda와 연동할 수 있다.

※ 규정 준수: PCI-DSS, HIPAA/HITECH, FedRAMP, 유럽 연합(EU) 데이터 보호 규칙 및 FISMA
등 규정 준수 프로그램을 유지하고 있습니다.

5.1.3 요금 체계

S3 요금은 스토리지 클래스(스토리지의 종류)와 리전에 따라 다르지만, 기본적인 계산식은 같다. '보유하고 있는 용량'과 '전송량'을 기준으로 종량 과금된다. 참고로 S3 Standard 스토리지의 저장 용량에 대한 요금은 1GB당 0.025 US달러 정도이다(2021년 3월 기준).

❤ 그림 5-4 S3의 요금 체계

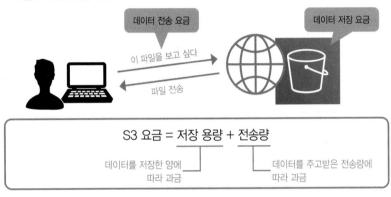

① 저장 용량
S3에 저장된 용량에 대한 비용이다. 스토리지 클래스에 따라 일할(일단위로 나눔)하여 계산하는 경우와 30일 단위, 90일 단위, 180일 단위로 계산하는 경우 등 방식이 다르다. 또한, 스토리지 클래스에 따라서는 최소 용량 요금이 설정되어 있으며 이 크기보다 작은 파일인 경우도 올림하여 요금이 부과된다.

② 전송량
S3에서 파일을 받거나 보낼 때 발생하는 요금이다. 수신 요청(GET)이나 송신 요청(PUT)에 대해서 1GB 단위로 과금된다.

5.1.4 전송량의 대한 개념

전송량을 고려하는 데 있어 중요한 것은 요청, 업로드, 다운로드이다.

① 수신 요청과 다운로드

수신 요청(GET)이란 '이 파일이 필요해', '이 페이지를 보고 싶어'라고 서버에 보내는 다운로드 명령을 말한다.

▼ 그림 5-5 수신 요청을 보내고 해당 데이터를 다운로드한다

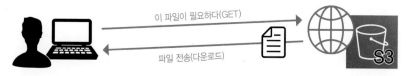

② 송신 요청과 업데이트

송신 요청(PUT)은 '이 파일을 저장하고 싶다'라고 서버에 파일을 전송하는 명령이다. 파일을 저장할 때는 업로드이다.

▼ 그림 5-6 송신 요청을 보내고 해당하는 데이터를 업로드한다

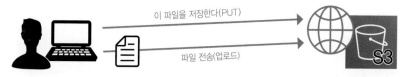

요약

▶ Amazon S3는 스토리지(데이터를 저장하는 장소)를 제공한다.

서비스명	Amazon S3(S4)	
URL	https://aws.amazon.com/ko/s3/	
사용빈도	★★★★	
요금	저장 용량 + 전송량	
매니지드 서비스 ○	서울 리전 ○	VPC ×

5.2 스토리지 클래스: 다양한 종류의 스토리지

S3에 존재하는 스토리지 클래스는 Standard 이외에도 액세스 빈도에 따라 분배할 수 있는 것, 비용이 낮은 것, 아카이브에 특화된 것 등 종류가 다양하다.

5.2.1 스토리지 클래스란

S3에는 사용할 수 있는 스토리지 종류가 다양하게 준비되어 있다. 스토리지의 종류를 스토리지 클래스라고 한다.

스토리지 클래스는 Standard 외에도 액세스 패턴에 따라 계층(비용이 다른 층)을 이동할 수 있는 클래스, 액세스가 빈도가 낮은 데이터를 위한 클래스 등이 있어서 사용자가 사용 목적에 맞춰서 선택할 수 있다. 또한, 버킷(객체를 저장하는 컨테이너) 단위가 아니고 객체(파일) 단위로 클래스를 선택할 수 있다.

스토리지 클래스는 상황에 따라 변경할 수 있는 점이 큰 장점이다. 변경은 수동으로 해야 하지만 수명 주기 정책(5.9.2절 참조)을 설정하면 자동으로 수행하도록 하는 것도 가능하다.

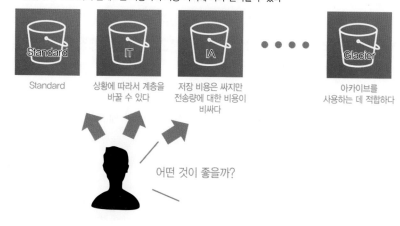

▼ 그림 5-7 스토리지 클래스는 사용자의 사용 목적에 따라 선택할 수 있다

Standard

상황에 따라서 계층을
바꿀 수 있다

저장 비용은 싸지만
전송량에 대한 비용이
비싸다

아카이브를
사용하는 데 적합하다

어떤 것이 좋을까?

5.2.2 스토리지 클래스의 종류

스토리지 클래스는 Standard 외에 Intelligent-Tiering 및 Standard-Infrequent Access 등이 있다. 어떤 스토리지 클래스를 사용하든 내구성은 99.999999999%다. Standard 클래스 이외에는 최소 저장 기간에 대한 요금이 설정되어 있고, Standard 클래스와 Intelligent-Tiering 이외에는 최소 용량 요금 및 검색 요금이 설정되어 있다.

① Standard

Standard는 가장 일반적인 스토리지 클래스이다. 3곳 이상의 AZ(가용 영역)에 데이터가 저장되어 있기 때문에 99.9%의 가용성(시스템이 계속해서 가동하는 것)을 보장한다. 데이터를 검색할 때의 요금과 최소 용량(최소량)의 요금이 없고 일할로 계산되므로 쉽게 사용하기에 좋은 클래스이다.

② Intelligent-Tiering

S3 Intelligent-Tiering은 빈번한 액세스와 간헐적 액세스에 최적화된 두 가지 계층에 객체(파일)를 저장한다. 어느 쪽에 저장할지는 객체별로 모니터링하여 그 결과에 따라 자동으로 이동된다.

예를 들어 30일간 연속으로 액세스가 없는 객체는 간헐적 액세스 계층으로 이동되고, 이 객체에 대한 액세스가 늘어나면 다시 빈번한 액세스 계층으로 이동된다. 이 클래스에는 검색 요금이 부과되지 않는다. 또한, 액세스 계층 간 이동에 대한 요금도 부과되지 않는다. 자주 사용되는 파일과 자주 사용되지 않는 파일이 섞여 있어서 액세스 빈도가 자주 바뀌는 경우에 비용을 줄일 수 있다. 기본적으로는 Standard와 동일하지만 최소 저장 기간에 대한 요금이 설정되어 있으므로 주의가 필요하다.

❤ 그림 5-8 액세스 빈도에 따라 두 계층을 이동한다

빈번한 액세스 계층
간헐적 액세스 계층
액세스 빈도에 따라 계층을 이동한다

③ Infrequent Access

Standard 클래스에 비해 저장 요금이 낮게 설정되어 있는 대신 액세스 요금이 조금 높게 설정되어 있다. 따라서 액세스 빈도가 낮고 용량이 큰 데이터에 적합하다.

또한, 같은 Infrequent Access 중에도 Standard - Infrequent Access와 One Zone - Infrequent Access는 저장에 사용되는 AZ의 수가 다르다. Standard의 경우는 최소 세 개 이상의 AZ에 저장되지만, One Zone은 한 군데이다.

One Zone의 경우 해당 지역에 물리적인 문제가 발생하면 데이터를 유실할 가능성이 있다. 낮은 가격에 데이터를 보관할 수 있지만, 절대 유실되면 안 되는 데이터를 보관하기에는 맞지 않다.

④ Reduced Redundancy Storage

Reduced Redundancy Storage(RRS)는 엄밀히 보면 스토리지 클래스가 아닌 옵션으로 분류되지만 한 종류밖에 없기 때문에 실질적으로 스토리지 클래스의

하나라고 생각하는 것이 좋다. Standard에 비해 이중화 수준을 낮춰서 낮은 가격으로 제공하고 있다. 저장되는 AZ가 한 군데이므로 문제가 발생할 경우에 데이터를 유실할 가능성이 있다.

▼ 그림 5-9 Standard, Infrequent Access, Reduced Redundancy Storage의 차이

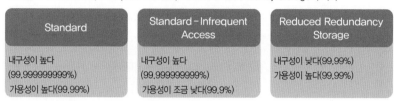

Standard	Standard–Infrequent Access	Reduced Redundancy Storage
내구성이 높다 (99.999999999%) 가용성이 높다(99.99%)	내구성이 높다 (99.999999999%) 가용성이 조금 낮다(99.9%)	내구성이 낮다(99.99%) 가용성이 높다(99.99%)

⑤ S3 Glacier/S3 Glacier Deep Archive

Glacier는 데이터 아카이브와 장기간 백업을 고려하여 만든 스토리지 클래스이다. 다른 클래스와 마찬가지로 99.999999999%의 내구성을 가지고 있고 가격이 낮기 때문에 대용량 데이터를 저렴한 가격으로 보관할 수 있다.

데이터는 '볼트'라고 하는 컨테이너에 저장된다. 따라서 저장된 데이터를 읽는 경우 다른 S3 버킷으로 옮겨야 하는 작업이 필요하다. 범위로 검색해서 일부 데이터만 검색할 수도 있지만, 기본적으로는 통째로 검색한다. 검색할 경우 Glacier상의 데이터와 검색 대상의 데이터 양쪽에 요금이 부과되므로 주의하자.

▼ 그림 5-10 Standard 클래스와 Glacier 클래스의 차이

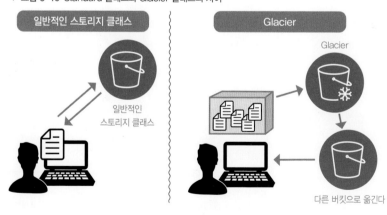

▶ 스토리지 클래스는 S3에서 사용하는 스토리지의 종류이다.

서비스명	스토리지 클래스		
URL	https://aws.amazon.com/ko/s3/storage–classes/		
사용빈도	★★		
요금	스토리지 클래스의 종류에 따라 다르다.		
매니지드 서비스 ○	서울 리전 ○	VPC ×	

▶ Glacier는 장기간 백업을 목적으로 만들어진 스토리지 클래스이다.

서비스명	S3 Glacier		
URL	https://aws.amazon.com/ko/glacier/		
사용빈도	★★		
요금	스토리지 사용량 + 데이터 검색량 + 데이터 검색 요청 + 데이터 전송 + Glacier Select		
매니지드 서비스 ○	서울 리전 ○	VPC ×	

S3의 사용 절차: 스토리지
서비스를 사용하기까지

S3는 파일을 버킷에 저장한다. 그리고 버킷에 저장한 파일을 객체라고 한다. 객체는 버킷과 객체 키, 버전으로 관리된다. 이러한 용어들에 대해서 알아보자.

5.3.1 S3 조작

버킷의 생성 및 각종 설정과 같은 기본적인 S3 조작은 관리 콘솔의 S3 대시보드에서 수행한다. 가장 기본적으로 객체(파일)의 업로드를 수행할 수 있다. 일반적으로 파일을 업로드하려면 매번 관리 콘솔에서 로그인해야 하기 때문에 번거롭다. 하지만 S3의 경우는 API와 SDK를 사용하여 업로드할 수 있어 편리하다. 또한, AWS Transfer for SFTP가 제공되어서 SFTP(SSH로 암호화된 파일 전송 프로토콜)로 액세스할 수 있다.

▼ 그림 5-11 S3 조작은 각종 도구에서 가능하다

5.3.2 S3 서비스의 기능

S3에는 객체, 버킷, 객체 키 등 생소한 단어들이 등장한다. 용어들에 대해서 알아보자.

▼ 표 5-1 S3 서비스의 용어

항목	내용
객체	S3의 엔터티 단위이다. 쉽게 말하면 텍스트나 이미지 등의 파일을 말한다.
버킷	객체를 저장하는 컨테이너이다. 모든 객체는 버킷에 저장된다.
버킷명	S3 버킷의 명칭은 다른 AWS 사용자를 포함하여 유일한 이름이어야 한다. 웹 서버로 사용할 경우는 도메인명이 버킷명이 된다.
객체 키	객체 식별자이다. 모든 객체는 반드시 한 개의 키를 가진다. 버킷, 객체 키, 버전을 조합하여 객체를 고유하게 식별한다. 이름이라고 생각하면 된다.
객체 메타데이터	이름과 값의 세트이다. 객체를 업로드할 때 설정할 수 있다. 객체 키는 S3가 파일을 식별하기 위한 데이터이지만 메타데이터는 사람이 파일을 쉽게 관리하기 위한 데이터라고 생각하면 알기 쉽다.
리전	버킷의 물리적인 보관 장소가 있는 지역을 말한다.
Amazon S3의 데이터 일관성 모델	S3는 가용성을 유지하기 위해 데이터를 자동으로 복제하여 저장하지만 쓰기 지연에 의한 데이터 불일치가 발생하면 안 되기 때문에 데이터의 무결성을 보장한다. 복제가 모두 반영되기까지 다소 시간이 걸릴 수 있다.
버전 관리	여러 버전을 보관하는 것이다. 다른 버전은 별도의 객체로 취급하는 것이 가능하다.

● 계속

항목	내용
로그	버킷 단위나 객체 단위의 로그를 기록할 수 있다. 하지만 객체 수준의 경우는 유료이다.
암호화	S3에 저장되는 데이터를 자동으로 암호화할 수 있다.
액세스 제어	S3 버킷에 대해 권한을 설정할 수 있다.
웹 서비스	S3 버킷을 웹 사이트로 사용하는 기능이다.

5.3.3 S3의 사용 절차

S3를 사용하려면 EC2와 마찬가지로 관리 콘솔에서 S3 대시보드를 열고 버킷을 생성해야 한다. S3는 매니지드 서비스이므로 기본적으로 대시보드에서 작업한다. EC2처럼 SSH로 접속하지 않는다. 또한, FTP도 지원하지 않는다.

대시보드 외에는 S3를 지원하는 전용 도구를 사용하면 접속할 수 있다.

❤ 그림 5-12 S3의 사용 절차

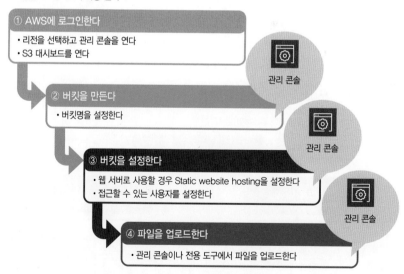

① AWS에 로그인한다
• 리전을 선택하고 관리 콘솔을 연다
• S3 대시보드를 연다

관리 콘솔

② 버킷을 만든다
• 버킷명을 설정한다

관리 콘솔

③ 버킷을 설정한다
• 웹 서버로 사용할 경우 Static website hosting을 설정한다
• 접근할 수 있는 사용자를 설정한다

관리 콘솔

④ 파일을 업로드한다
• 관리 콘솔이나 전용 도구에서 파일을 업로드한다

5.3.4 S3 버킷 생성 전 검토해야 할 것

S3 버킷을 생성한 후에는 이름과 리전을 변경할 수 없다. 따라서 S3 버킷을 생성하기 전에 어떻게 만들 것인지 고민하고 검토하는 과정이 중요하다.

반드시 정해야 할 것은 어떤 용도로 사용할 것인가이다. 클라우드 서비스이기 때문에 최소 크기로 생성한 후 나중에 크기를 변경할 수 있지만, 만약 웹 서버로 사용하려면 다른 용도에 비해 차이점이 많으므로 주의하자.

웹 서버로 사용할 경우 버킷에 대한 공개, 도메인, 익명 접속 허가 등을 고려해야 한다. 구체적으로 정하기 어려운 경우는 테스트용 버킷을 생성해 보고 확인한 후에 실제 사용할 스토리지를 생성하는 편이 좋다. '생성과 삭제가 간단하다'는 AWS의 특징을 잘 활용하자. 그러나 아무리 테스트용이라고 해도 외부에 노출하면 안 되는 웹 사이트라면 실수로 공개하는 일이 없도록 각별히 주의하자.

▼ 그림 5-13 S3 버킷 생성 전에 검토해야 할 것

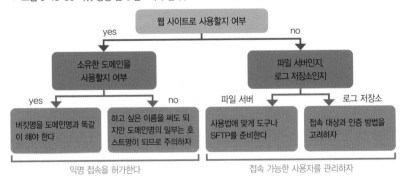

5.4 객체와 버킷: 파일과 파일을 저장하는 장소

버킷명은 S3 내에서 유일한 이름이어야 한다. 다른 AWS 사용자가 쓰고 있는 버킷명은 쓸 수 없다. 그 외에 DNS 명명 규칙에 따라서 이름을 정해야 하는 등 몇 가지 규칙이 있으므로 주의하자.

5.4.1 객체와 버킷이란

버킷은 윈도의 드라이브(C나 D 드라이브라든지)와 같은 것이고, 객체는 파일과 같은 것이다. 버킷은 폴더가 아니므로 버킷 안에 버킷을 다시 만드는 것은 불가능하다. 버킷은 AWS 계정 하나당 100개까지 생성할 수 있다(별도로 신청하면 최대 1,000개까지 늘릴 수 있다). 또한, 객체도 단순한 파일이 아니라 관리를 위한 메타데이터도 포함되어 있다. 버킷 한 개에 저장할 수 있는 객체 수는 제한이 없고 총 용량에도 제한이 없다.

▼ 그림 5-14 객체와 버킷

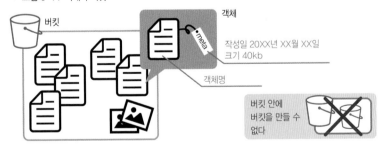

S3는 객체 스토리지이기 때문에 폴더나 디렉터리와 같은 개념이 없다. 객체는 버킷에 계층 구조가 아닌 병렬로 배치된다. 개념으로는 병렬이지만 사용상 편

의를 위해서 관리 콘솔에 접속하면 폴더로 표시된다. 이렇게 표시된 폴더는 생성, 삭제, 업로드, 다운로드가 가능하다.

5.4.2 버킷 생성과 명명 규칙

버킷을 생성하면 리전과 버킷명을 변경할 수 없기 때문에 신중하게 결정해야한다. 특히 버킷명은 S3 안에서 유일한 이름이어야 한다. 다른 사용자가 쓰고 있는 버킷명은 사용할 수 없다. 리전을 변경해도 같은 버킷명으로 생성할 수 없기 때문에 생성한 버킷을 삭제하고 새롭게 생성해야 한다. 또한, 버킷에는 명명 규칙이 있다.

▼ 그림 5-15 대표적인 버킷 명명 규칙

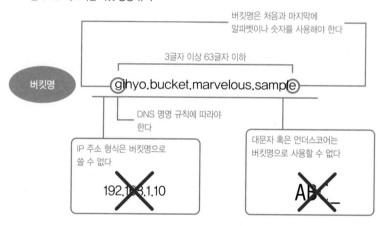

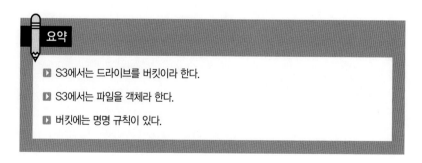

> 요약
>
> ▣ S3에서는 드라이브를 버킷이라 한다.
> ▣ S3에서는 파일을 객체라 한다.
> ▣ 버킷에는 명명 규칙이 있다.

5.5 버킷 정책과 사용자 정책: 액세스 제한 설정

S3는 버킷 정책과 사용자 정책에 의해 버킷 접속을 제한할 수 있다. 리소스와 작업에 대한 액세스를 제한할 수 있고, 누가 무엇에 대해서 어떻게 할 것인지도 지정할 수 있다.

5.5.1 S3 버킷에 대한 액세스 제한

S3 버킷에 대한 액세스 제한을 설정할 수 있다. 제한을 설정하는 방법은 3가지다. 버킷 단위로 제한하는 버킷 정책, IAM 사용자 단위로 제한하는 사용자 정책, ACL(액세스 제어 목록)에 의한 관리 정책이다.

버킷 정책은 해당 버킷에 접속할 수 있는 사용자를 지정한다. 반대로 사용자 정책은 접속 가능한 버킷을 지정한다. 대상 사용자가 많은 경우는 버킷을 지정하고, 버킷이 많은 경우는 사용자를 지정하는 편이 좋다.

ACL이란 자신 외의 다른 AWS 계정의 '읽기/쓰기'에 대해서 '허가' 혹은 '거부'를 설정한 목록이다.

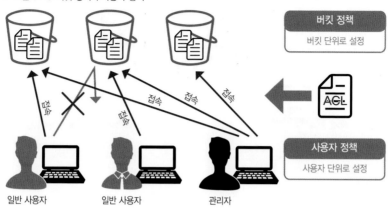

❤ 그림 5-16 버킷 정책과 사용자 정책

버킷 정책
버킷 단위로 설정

사용자 정책
사용자 단위로 설정

일반 사용자   일반 사용자   관리자

5.5.2 액세스 제한의 대상과 내용

액세스 제한은 리소스, 작업, 효과, 보안 주체에 대해 설정할 수 있다. 즉, '누가, 무엇을, 어떤 것에 대해 가능한가 여부'를 정하는 기능이다.

❤ 표 5-2 액세스 제한 설정 항목

항목	내용
리소스	제한 대상이 되는 버킷 및 객체이다. 아마존 리소스 이름을 사용하여 대상을 식별한다.
작업	실제로 가능한 작업을 말하며, GET(취득), PUT(배치), DELETE(삭제)가 있다. 작업 키워드를 사용하여 지정한다.
효과	설정 여부를 말한다. 허가(allow), 거부(deny)를 설정한다.
보안 주체	허가 혹은 거부할 사용자 및 계정, 서비스 등을 말한다.

❤ 그림 5-17 S3에 대한 액세스 제한을 설정할 수 있다

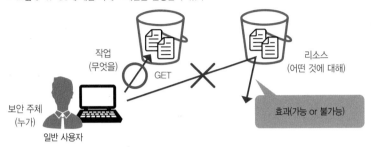

✏ **요약**

▷ 버킷 정책은 S3 버킷에 대한 액세스 제한을 설정하는 기능이다.

서비스명	버킷 정책	
URL	https://docs.aws.amazon.com/ko_kr/AmazonS3/latest/dev/example−bucket−policies.html	
사용빈도	★★★	
요금	무료	
매니지드 서비스 ○	서울 리전 ○	VPC ✕

5.6 웹 사이트 호스팅: 웹 사이트 공개

S3는 단순한 스토리지 서비스가 아니다. 여러 가지 편리한 기능을 제공하는데, 그중 단연 으뜸은 웹 호스팅 기능일 것이다. 이 기능을 사용하면 S3에서 생성한 버킷을 그대로 웹 사이트로 사용할 수 있다.

5.6.1 웹 사이트 호스팅이란

S3는 정적 웹 사이트를 호스팅할 수 있다. 정적 웹 사이트란 서버가 스크립트를 처리하지 않는 사이트를 말한다. 예를 들면 단순한 HTML과 이미지만으로 작성된 웹 사이트이다. 정적 웹 사이트에는 자바스크립트와 같은 클라이언트에서 처리하는 스크립트를 포함할 수 있다. 반대로 동적 웹 사이트란 PHP, JSP, ASP.NET과 같이 서버에서 처리하는 언어가 포함된 사이트를 말한다.

정적 웹 사이트를 호스팅하려면 버킷을 그대로 웹 사이트로 오픈하면 된다. URL을 설정하고 버킷에 누구든지 접속할 수 있도록 하면 된다.

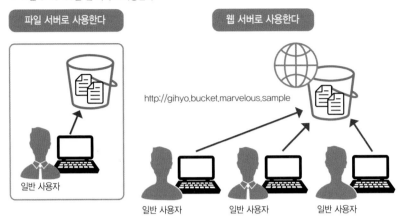

❤ 그림 5-18 S3를 웹 서버로 사용한다

파일 서버로 사용한다

웹 서버로 사용한다

http://gihyo.bucket.marvelous.sample

일반 사용자

일반 사용자　　　일반 사용자　　　일반 사용자

5.6.2 웹 호스팅에 필요한 설정

버킷을 웹 사이트로 사용하려면 버킷을 생성할 때와 생성한 후에 몇 가지 설정을 해야 한다.

- 정적 웹 호스팅을 활성화한다.
- 공용 액세스(public access) 차단을 해제한다.
- 버킷 정책을 '모든 사용자'로 설정한다.
- 버킷명을 사용할 도메인명으로 지정한다.
- 개인 도메인을 소지한 경우는 Amazon Route 53 등의 DNS 서비스를 사용하여 설정한다.

버킷의 기본 설정은 제3자가 접속할 수 없으므로 공용 액세스 차단과 버킷 정책의 설정을 변경하여 액세스를 허가해야 한다. 반대로 허가하게 되면 배포할 파일에 누구든지 접속할 수 있기 때문에 보안에 각별히 주의해야 한다.

▼ 그림 5-19 버킷명과 URL

http://gihyo.bucket.marvelous.sample
이 부분을 버킷명으로 지정한다

버킷명으로 사용할 도메인명을 지정해도 그 이름 그대로 도메인으로 사용할 수 있는 건 아니다. http://gigyo.buket.marvelous.sample.s3XXXXX.amaozn.com과 같이 지정한 버킷명 + AWS가 지정한 문자열이 URL이 된다. 서울 도메인의 경우는 '버킷명 + s3-website-ap-northeast-2.amazonaws.com'이 된다(2021년 3월 기준).[1] 도메인을 지정한 이름대로 사용하고 싶다면 DNS 설정을 해야 한다.

5.6.3 다른 서비스로 구축한 웹 호스팅과의 차이

AWS에는 웹 사이트 구축을 위한 몇 가지 서비스가 있다. 4장에서 소개한 EC2 외에도 Amazon Lightsail, AWS Amplify가 있다. Amazon Lightsail은 EC2를 단순화한 서비스로, 한 가지 기능을 조합한 패키지로 제공된다. AWS Amplify 는 모바일 앱이나 웹 앱을 개발하기 위한 프레임워크이다. 이들의 큰 차이는 서버 프로그램의 실행 여부와 확장성이다. EC2는 자유롭게 조합이 가능하지만 Ligthsail도 구축하기에 따라서 EC2와 비슷한 수준으로 구축할 수 있다. 확장성은 S3가 가장 높으므로 프로그램을 쓰지 않는다면 S3가 좋다.

▼ 표 5-3 웹 호스팅에 대한 각 서비스 비교

서비스	서버 프로그램 실행	확장성
EC2	◎	△
S3	×	◎
Lightsail	◎	△
Amplify	○ (Amplify 독자적 프로그램)	○

---

1 역주 https://docs.aws.amazon.com/ko_kr/general/latest/gr/rande.html을 참조하기 바란다.

Amazon Lightsail

Amazon Lightsail은 필요한 기능을 선택하면 웹 사이트에 필요한 서비스 전체를 정해진 가격으로 구축할 수 있는 서비스이다.

예를 들어 블로그 서버를 구축할 때 EC2의 경우는 OS, 워드프레스, 고정 IP 주소, DNS를 준비해야 하지만, Lightsail의 경우는 이러한 복잡한 부분을 패키지 하나로 서비스한다. 요금도 EC2는 서비스별로 합산하기 때문에 복잡하지만, Lightsail은 Lightsail만 계산하면 되므로 단순하다.

EC2 인스턴스와는 달리 CPU나 메모리와 같은 사양, 대수를 변경할 수 있는 유연성은 없다. 변경해야 할 때는 스냅샷이라고 하는 기능을 이용하여 백업하고, 변경하고 싶은 사양의 Lightsail을 새로 계약하여 백업에서 복원하는 작업을 수행한다.

AWS Amplify

AWS Amplify는 웹을 개발하기 위한 도구 전체를 제공하는 서비스로 개발자를 대상으로 한다.

자바스크립트(프로그래밍 언어의 한 종류)로 AWS의 다양한 기능을 호출하여 시스템을 구축한다. HTML 파일과 이미지를 S3를 통하여 배포하거나 Lambda 라는 기능을 사용하여 백엔드 프로그램을 실행한다. AWS Amplify는 이러한 서비스를 조합하여 콘텐츠와 프로그램을 배포한다.

▶ 웹 사이트 호스팅은 S3 버킷을 정적 웹 사이트로 공개하는 기능이다.

서비스명	웹 사이트 호스팅	
URL	https://aws.amazon.com/ko/getting-started/ hands-on/host-static-website/	
사용빈도	★★★	
요금	무료(통신료 제외)	
매니지드 서비스 ○	서울 리전 ○	VPC ×

▶ Amazon Lightsail은 필요한 기능을 선택하면 웹 사이트에 필요한 서비스 전체를 정가제로 구축할 수 있다.

서비스명	Amazon Lightsail	
URL	https://aws.amazon.com/ko/lightsail/	
사용빈도	★★	
요금	서버 혹은 데이터 베이스 플랜을 선택 + 옵션	
매니지드 서비스 ○	서울 리전 ○	VPC 복합

▶ AWS Amplify는 모바일 앱이나 웹 앱을 개발하기 위한 프레임워크이다.

서비스명	AWS Amplify	
URL	https://aws.amazon.com/ko/amplify/	
사용빈도	★★	
요금	Amplify 프레임워크는 무료, 개발자용 도구 Amplify 콘솔(서버리스 웹 애플리케이션을 배포, 호스팅하기 위한 도구)과 AWS Device Farm(애플리케이션을 테스트하기 위한 도구)은 유료이다.	
매니지드 서비스 ○	서울 리전 ○	VPC 복합

5.7 파일 업로드와 다운로드: 다양한 파일 업로드 방법

S3 버킷에 파일을 업로드, 다운로드할 때는 관리 콘솔뿐만 아니라 API와 SDK, CLI를 사용할 수도 있다. 이외에 SFTP도 지원하므로 다양하게 선택할 수 있다.

5.7.1 업로드와 다운로드

파일을 업로드하거나 다운로드하려면 관리 콘솔을 사용하는 방법과 CLI를 사용하는 방법이 있다. 도구 및 프로그램에서 작업하려면 API나 SDK를 사용해야 한다.

관리 콘솔을 사용하면 드래그 앤 드롭이나 마우스를 클릭하는 방법으로 업로드할 수 있다. 드래그 앤 드롭은 구글 크롬(Google Chrome)이나 파이어폭스(Firefox)만 지원한다.

모든 파일 형식을 업로드할 수 있지만, 업로드할 수 있는 파일 크기는 제한이 있다. 관리 콘솔을 사용하는 경우에는 160GB까지 가능하다(2021년 3월 기준). 이보다 클 경우 CLI나 SDK를 사용해야 한다.

❤ 그림 5-20 업로드와 다운로드 방식

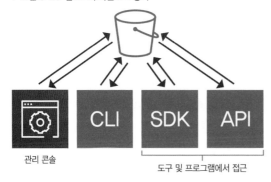

관리 콘솔   도구 및 프로그램에서 접근

5.7.2 다양한 업로드 방법

클라이언트에서 파일을 S3 버킷으로 업로드하는 방법은 다양하다.

① API와 SDK

API와 SDK를 사용하면 서드 파티(third party) 도구를 사용해 파일을 업로드할 수 있다. IAM 사용자에게 액세스 키와 보안 액세스 키를 발행하여 사용하고 싶은 도구에 설정한다.

② 멀티 파트 업로드

멀티 파트 업로드를 사용하면 객체를 여러 개로 나누어 세트 하나로 업로드할 수 있다. 업로드 중에는 부분별로 표시되지만 업로드가 완료되면 객체 하나가 된다.

업로드에 실패한 부분은 재전송되지만 일시적으로 정지하는 것도 가능하다. 일시 정지해도 종료 기간이 없기 때문에 그대로 두어도 업로드가 중지되는 일은 없다.

100MB 이상의 파일은 멀티 파트 업로드를 사용할 것을 추천한다. 업로드할 때 일반적인 요청이나 업로드에 대한 요금이 발생하지만 멀티 파트 업로드를 사용할 때는 요금이 따로 발생하지 않는다.

관리 콘솔, CLI는 큰 파일을 업로드할 때 멀티 파트 업로드로 전환된다.

③ AWS Transfer for SFTP

AWS Transfer for SFTP는 SFTP를 사용하여 파일을 전송할 수 있는 서비스이다. SFTP 도구가 아닌 SFTP 서버를 제공하는 서비스이다.

SFTP 서버 엔드포인트를 설정하면 서드 파티의 SFTP 도구를 사용할 수 있다.

초기 비용은 들지 않지만 SFTP 서버를 사용한 시간(활성화된 시간)과 데이터 전송량(업로드 및 다운로드)에 대해 과금된다. 서울 리전은 시간당 0.30 US달러, 데이터 전송량은 전송된 기가바이트(GB)당 0.04 US달러이다(2021년 3월 기준).

④ AWS DataSync

AWS Datasync는 온프레미스 스토리지 시스템과 AWS 스토리지 서비스(EC2, S3) 간에 대용량 데이터 전송을 위한 서비스이다. 요금은 복사하는 데이터양에 대해서 발생한다. 서울 리전은 1GB당 0.0125 US달러이다(2021년 3월 기준).[2]

그 외에 S3와 클라이언트를 연결하는 방법으로는 S3 버킷을 마치 온프레미스의 스토리지처럼 사용할 수 있는 하이브리드 클라우드 스토리지 서비스(AWS Storage Gateway)가 있다.

대규모 데이터의 송수신

PB(페타바이트)나 EB(엑사바이트) 단위처럼 대규모 데이터를 업로드하는 것은 굉장히 어려운 일이다. 따라서 물리적으로 AWS와 데이터를 주고받는 방법으로 AWS Snowball(HDD에 데이터를 넣어서 보내는 방법), AWS Snowball Edge(데이터 가공 처리도 가능하다), AWS Snowmobile(트럭으로 배송하는 방법)이 있다.

공용 액세스 차단

'공용 액세스 차단'이라는 버킷 단위로 모든 사용자에게 액세스를 허가할지 결정하는 기능이 릴리스되었다.

이것은 각 액세스 제한보다 상위에 있는 제한으로, 버킷 정책이나 사용자 정책이 모든 사용자에 대해서 액세스가 가능하도록 허가되어 있다 하더라도 공용 액세스가 '차단한다'라고 설정되어 있으면 액세스할 수 없게 된다. 버킷을 전체 사용자에게 공개할 때 신중하지 않으면 안 되기 때문에 이와 같이 버킷 단위로 설정할 수 있게 되어 있다.

웹 서버로 사용할 때 전체 사용자에게 공개해야 하므로 공용 액세스 설정을 잊지 않도록 주의하자.

---

2   역주 원문은 0.04 US로 되어 있으나 도쿄, 서울 모두 0.0125로 변경되었다.

▶ 멀티 파트 업로드는 객체를 여러 개로 분해하여 S3에 데이터를 업로드하는 기능이다. 100MB 이상의 파일은 이 기능을 사용할 것을 추천한다.

서비스명	멀티 파트 업로드	
URL	https://docs.aws.amazon.com/ko_kr/AmazonS3/latest/dev/mpuoverview.html	
사용빈도	★	
요금	멀티 파트 업로드 자체는 무료이다. 실행 시간 동안 사용한 S3의 스토리지, 대역폭, 요청이 과금된다.	
매니지드 서비스 ○	서울 리전 ○	VPC ×

▶ AWS Transfer for SFTP는 SFTP 서버를 제공하는 서비스이다. 서드 파티 도구를 사용해서 파일을 전송할 수 있다.

서비스명	AWS Transfer for SFTP	
URL	https://aws.amazon.com/ko/aws-transfer-family/	
사용빈도	★★	
요금	SFTP 엔드포인트 사용시간 + 데이터 전송량 + 관련 비용	
매니지드 서비스 ○	서울 리전 ○	VPC ×

▶ AWS DataSync는 온프레미스 스토리지와 AWS 스토리지 서비스 간의 대용량 데이터를 이동할 수 있다.

서비스명	AWS DataSync	
URL	https://aws.amazon.com/ko/datasync/	
사용빈도	★	
요금	Amazon S3 및 Amazon EFS와 상호 복사된 데이터 양 + 관련 비용	
매니지드 서비스 ○	서울 리전 ○	VPC ×

5.8 액세스 관리 및 변조 방지: 부정한 액세스 감시

스토리지는 관리자가 아닌 사람이 액세스하는 경우가 많다. 따라서 관리자는 어떤 작업이 있었는지 알지 못한다. S3는 이러한 스토리지의 액세스를 감시하기 위한 액세스 기록을 무료로 제공한다.

5.8.1 액세스 로그란

액세스 로그란 서버에 어떤 요청이 있었는지를 기록하는 기능을 말한다. 로그에는 버킷 소유자, 버킷명, 요청자, 총 시간, 응답 시간, 작업, 응답 상태, 오류, 코드 등이 기록된다.

S3의 기능으로 액션 로그 기록을 제공하고 있지만 요금은 부과되지 않는다. 다만, 로그를 기록한 파일은 대상 버킷과 같은 리전의 버킷에 보관되므로 보관에 대한 요금은 발생한다.

▼ 표 5-4 주요 로그 내용

항목	내용
원격 IP	요청자의 IP 주소
요청자	액세스한 사용자
요청 ID	요청을 식별하기 위해 Amazon S3가 생성한 ID
작업	요청된 작업 종류
키	요청된 객체 키
요청 URL	요청된 URI

↻ 계속

항목	내용
오류 코드	오류 코드(있는 경우만)
보낸 바이트	송신된 응답 바이트 수
객체 크기	요청된 객체의 전체 크기
총 시간	서버가 요청된 내용을 송신하는 데 걸린 시간
반환 시간	요청이 반환되기까지 걸린 시간
Referrer	HTTP Referrer의 헤더 값
사용자 에이전트	HTTP 사용자 에이전트의 헤더 값
버전 ID	요청의 버전 ID
호스트 헤더	S3 접속에 사용하는 엔드포인트

5.8.2 그 외에 액세스 관리 방법

액세스 로그 외에 몇 가지 액세스 관리 방법을 소개한다.

스토리지 클래스 분석

스토리지 클래스 분석은 객체에 액세스 빈도를 분석하는 기능이다. 액세스 빈도가 낮은 데이터는 S3 Intelligent-Tiering으로 이동하는 판단 자료로 사용된다. 객체는 설정된 날짜별로 어느 정도 그룹화되어 있어 각 그룹의 평균 전송 바이트 수를 감시한다. 대상 객체를 필터링해서 감시하는 것도 가능하다. 필터는 버킷당 최대 1,000개까지 설정할 수 있다.

객체 잠금

객체 잠금은 객체를 보호하는 기능이다. 객체에 대한 변경을 허용하지 않기 때문에 객체 삭제, 덮어쓰기, 변조 등을 방지할 수 있다. 잠금 기능은 유효 기간이 있는데, 법적으로 보존해야(소송 보존, 소송 등과 관련된 정보를 보호하는 것) 하는 경우에는 유효 기간에 관계없이 보존할 수 있다. 또한, 잠금으로 보호되는 버킷은 Cross-Region Replication(CRR)으로 복사할 수 없다.

▼ 표 5-5 객체 잠금의 두 가지 보관 모드

보관 모드	내용
거버넌스 모드	특정 사용자에게만 객체 변경을 허가하는 모드이다. 허가되지 않는 사용자는 변경할 수 없다.
규정 준수 모드	모든 사용자가 객체를 변경할 수 없는 모드이다. AWS 계정의 root 사용자도 변경할 수 없다. 이 모드로 한 번 변경하면 모드와 기간을 변경할 수 없으므로 주의하자.

S3 인벤토리

인벤토리는 버킷에 들어 있는 객체의 메타데이터의 목록을 매일 혹은 매주 생성하는 기능이다. CSV, ORC 등의 파일로 되어 있다. S3 인벤토리는 Amazon Athena나 Amazon Redshift Spectrum 등의 빅데이터를 처리하는 도구와 조합하여 사용하면 편리하다.

COLUMN S3 배치 작업

Amazon S3 배치 작업을 사용하면 대상 객체에 대해 객체 복사, Amazon S3 Glacier에서 객체 복원 등 여러 작업을 실행할 수 있다. S3 배치 작업은 보통 Amazon S3 API를 사용하기 때문에 편리하다.

▶ 액세스 로그는 서버에 어떤 요청이 있었는지를 기록하는 기능이다.

서비스명	액세스 로그	
URL	https://docs.aws.amazon.com/ko_kr/AmazonS3/latest/dev/ServerLogs.html	
사용빈도	★★★	
요금	로그 기록 기능은 무료 + 로그 파일의 저장 및 배포된 로그 파일에 액세스 등	
매니지드 서비스 ○	서울 리전 ○	VPC ✕

▶ 스토리지 클래스 분석은 객체의 액세스 빈도를 분석하는 기능이다.

서비스명	스토리지 클래스 분석	
URL	https://docs.aws.amazon.com/ko_kr/AmazonS3/latest/dev/analytics-storage-class.html	
사용빈도	★★	
요금	모니터링하고 있는 객체 수 + 보고서를 내보내는 경우의 스토리지 사용료	
매니지드 서비스 ○	서울 리전 ○	VPC ✕

▶ 객체 잠금은 객체를 변경하지 못 하게 하는 기능이다.

서비스명	객체 잠금	
URL	https://docs.aws.amazon.com/ko_kr/AmazonS3/latest/dev/object-lock.html	
사용빈도	★★	
요금	무료	
매니지드 서비스 ○	서울 리전 ○	VPC ✕

▶ S3 인벤토리는 객체의 메타데이터의 목록을 생성하는 기능이다.

서비스명	S3 인벤토리	
URL	https://docs.aws.amazon.com/ko_kr/AmazonS3/latest/dev/storage-inventory.html	
사용빈도	★★	
요금	모니터링하고 있는 객체 수 + 보고서를 내보내는 경우의 스토리지 사용료	
매니지드 서비스 ○	서울 리전 ○	VPC ✕

▶ S3 배치 작업은 객체에 대한 복사, 복원 등 다양한 작업을 실행할 수 있는 기능이다.

서비스명	S3 배치 작업	
URL	https://docs.aws.amazon.com/ko_kr/AmazonS3/latest/user-guide/batch-ops.html	
사용빈도	★★	
요금	S3 기본 요금 + 작업 요금 + 수행된 객체 수	
매니지드 서비스 ○	서울 리전 ○	VPC ✕

5.9 버전 관리 · 수명 주기 · 복제: 저장된 객체 관리

파일을 실수로 덮어쓰거나 삭제했는데, 만약 이 파일이 중요한 파일이라면 큰 문제가 될 것이다. 이럴 때 유용한 것이 버전 관리 기능이다. 버전 관리는 간단히 버전을 여러 개 저장하는 것이라고 이해하면 된다.

5.9.1 버전 관리

버전 관리란 객체를 여러 버전으로 저장하는 기능으로, 버킷 단위로 설정한다. 버전 관리 기능을 활성화하면 실수로 변경한 파일을 복원할 수 있다. 마찬가지로 실수로 삭제한 경우에도 버전 관리가 설정되어 있다면 파일을 복원할 수 있다.

버전 관리는 '미사용(기본), 활성화, 버전 일시 중지' 이렇게 세 가지 상태 중 하나로 설정할 수 있다. 이전 버전으로 되돌리려면 저장된 과거 버전 중 되돌리고 싶은 버전을 같은 버킷으로 복사한다. 바로 이전 버전으로 되돌릴 경우는 최신 버전을 삭제해도 복원이 가능하다.

❤ 그림 5-21 버전 관리를 통해 파일 복원

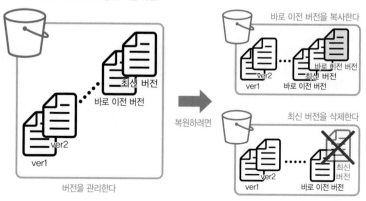

5.9.2 수명 주기 정책

AWS를 잘 사용하는 요령 중 하나가 '수명 주기'를 고려하는 것이다.

S3는 수명 주기 정책(수명 주기 규칙)을 설정할 수 있다. 수명 주기 정책은 객체가 정기적으로 수행할 작업을 설정하는 기능으로, 설정 가능한 작업을 다음 표에 정리했다.

▼ 표 5-6 수명 주기 정책을 설정할 수 있는 작업

작업	내용
Transition	객체를 다른 스토리지 클래스로 이동한다.
Expiration	유효 기간이 만료된 객체를 삭제한다. 객체가 버전 관리되고 있다면 최신 버전에만 적용된다. 또한, 버전이 여러 개 존재하고 삭제 표시가 있는 경우에는 삭제하지 않는다.
NoncurrentVersionTransition	현재 스토리지 클래스에서 객체의 유지 시간을 지정한다.
NoncurrentVersionExpiration	과거 버전의 객체를 삭제하기 전에 유지할 시간을 지정한다.
AbortIncompleteMultipartUpload	멀티 파트 업로드 진행 상태를 유지할 최대 시간을 지정한다(지정 시간 내에 업로드가 안 되면 중지한다).
ExpiredObjectDeleteMarker	만료된 객체 삭제 표시를 제거한다.

▼ 그림 5-22 객체가 정기적으로 수행할 작업을 설정할 수 있다

5.9.3 교차 리전 복제

복제란 '복제본'을 생성하는 것이다. 교차 리전 복제(CRR, Cross-Region Replication)는 다른 리전의 버킷에 객체를 비동기적으로 복사하는 것이다. 복사 대상의 버킷은 원본 버킷과 소유자가 동일하지 않아도 되지만, 복제 작업을 수행하기 위해 IAM 역할(접근 권한)을 부여해야 한다.

또한, 복제에 사용할 두 버킷은 버전 관리가 활성화되어 있어야 한다. 같은 리전에 존재하는 버킷은 복제 설정을 할 수 없다.

교차 리전 복제를 사용하면 해외에도 백업해 둘 수 있기 때문에 서울에 재해가 발생하더라도 데이터를 유실하지 않고 보존할 수 있다.

한편 해외에 데이터를 보존하게 된다면 국외 반출이 안 되는 데이터를 보존하지 않도록 주의해야 한다. 특히 회사에서 관리하는 고객 데이터의 경우에는 신중히 검토해야 한다.

✔ 그림 5-23 다른 리전의 버킷에 객체를 복사한다

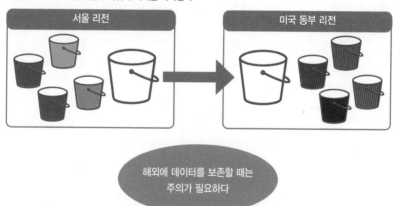

▶ 버전 관리는 객체를 여러 버전으로 저장하는 기능이다.

서비스명	버전 관리	
URL	https://docs.aws.amazon.com/ko_kr/AmazonS3/latest/dev/Versioning.html	
사용빈도	★★★	
요금	버전 관리 대상을 저장할 때 부과된다. 버전 1과 버전 2, 두 개를 보존한다면 두 개에 대한 요금이 발생한다.	
매니지드 서비스 ○	서울 리전 ○	VPC ✕

▶ 수명 주기 정책은 객체에 정기적으로 수행할 작업을 설정하는 기능이다.

서비스명	수명 주기 정책	
URL	https://docs.aws.amazon.com/ko_kr/AmazonS3/latest/dev/replication.html	
사용빈도	★★	
요금	원본	
매니지드 서비스 ○	서울 리전 ○	VPC ✕

▶ 교차 리전 복제는 객체를 다른 리전에 비동기로 복사하는 기능이다.

서비스명	교차 리전 복제	
URL	https://docs.aws.amazon.com/ko_kr/AmazonS3/latest/dev/storage-inventory.html	
사용빈도	★★	
요금	원본 스토리지 요금, 복사본 스토리지 요금, COPY/PUT 요청에 대한 요금, 리전 간 데이터 전송 요금은 원본 리전을 기준으로 한다.	
매니지드 서비스 ○	서울 리전 ○	VPC ✕

5.10

데이터 분석과 연계: 저장된 데이터의 분석

AWS는 데이터 분석 관련 서비스를 제공한다. 데이터 분석 기능을 사용하면 S3의 객체나 객체의 내용을 분석할 수 있다. 분석 기능을 사용하면 데이터를 손쉽게 분석할 수 있다.

5.10.1 데이터 분석과 연동

S3의 객체나 객체의 내용에 대한 데이터를 분석하는 기능이 있다.

S3 Select와 Amazon Athena는 CSV(Comma Separated Value)(엑셀에서도 사용하는 데이터 형식)나 JSON(자바스크립트가 사용하는 데이터 형식)과 같이 구조화된 텍스트 형식의 데이터를 SQL(데이터베이스에서 사용하는 언어)의 SELECT 문으로 실행하는 기능이다. 둘 다 모두 쿼리를 실행하기 위한 서버는 필요하지 않다.

Amazon redshift Spectrum도 비슷한 기능을 갖고 있지만 대용량 데이터를 처리하기 때문에 Redshift cluster(Redshift의 관리 단위이다. 데이터 웨어하우스를 제공하는 서비스이며 Amazon Redshift를 사용할 때 필요하다)가 필요하다.

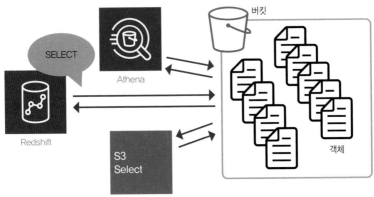

5.10.2 데이터 분석 서비스

Amazon S3는 데이터 분석 서비스와 연동할 수 있도록 구성되어 있기 때문에 로그나 IoT 기기에서 수집한 데이터를 나중에 분석하려고 저장하는 경우도 있다. 특히 S3 Select와 Amazon Athena는 S3 버킷에 저장한 데이터를 분석하는 서비스이다. Amazon Redshift Spectrum은 S3 버킷 외의 다른 저장소의 데이터도 분석할 수 있다.

AWS의 데이터 분석 서비스들의 특징에 대해 알아보자.

S3 Select

S3 Select는 S3로 저장된 데이터 파일 하나에 SQL 문을 사용하여 집계 및 검색이 가능한 기능이다. CSV 파일이나 JSON 외에도 로그에 사용되는 Apache Parquet 형식도 지원한다.

집계는 관리 콘솔에서 SQL 문을 입력하여 간단히 실행할 수 있다. CLI(명령줄 기반 환경)나 SDK(소프트웨어 개발 킷)를 지원하며 복잡한 집계일 경우 프로그램을 만들어 실행할 수도 있다.

Amazon Athena와 Amazon Redshift Spectrum

Amazon Redshift Spectrum은 데이터 분석 서비스이다. Amazon S3에 저장된 데이터를 분석할 수 있다.

S3 Select와 달리 어떤 대상에 대해 어떤 검색을 할지 사전에 구성해야 한다. 대신 여러 파일을 대상으로 수행할 수 있다. Amazon Athena와 Amazon Redshift Spectrum의 가장 큰 차이점은 분석을 위한 서버의 존재 여부이다.

Athena는 매번 필요에 따라 분석용 서버를 자동으로 생성하여 실행하기 때문에 실행하는 순간만 비용이 발생한다.

반면 Redshift Spectrum은 미리 분석용 서버를 시작하고 이 서버를 사용하여 분석한다. 처리 능력에 맞춰 저비용 서버에서 고성능 서버까지 선택할 수 있으며 데이터를 분산 처리할 수도 있다. 대용량의 복잡한 데이터를 빠른 속도로 처리해야 할 경우는 Redshift Spectrum을 사용하는 것이 좋다.

5.10.3 데이터 분석 도구의 사용 구분

세 가지 데이터 분석 서비스에 대해 알아봤다. 세 가지 중 S3 Select가 가장 심플하다. S3 Select는 CSV 파일이나 JSON 파일 등 파일 하나를 대상으로 집계하거나 검색할 수 있다. 예를 들어 매출 데이터를 일별로 저장한 CSV 파일을 S3 Select로 집계하면 시간대별로 매상과 제품별 매상을 계산할 수 있다.

이보다 더 복잡하게 계산하려면 Athena나 Redshift Spectrum을 사용해야 한다. 이 서비스들은 S3에 저장된 파일 여러 개를 대상으로 분석할 수 있다. 또한, Athena는 집계나 검색 방법을 저장할 수 있으므로 이를 사용하면 반복해서 같은 작업을 할 때 편리하다.

Redshift는 뛰어난 분석 기능을 가진 데이터 웨어하우스이다. 집계, 검색뿐 아니라 다양한 기준으로 데이터를 분석하거나 예측할 수 있다.

이와 같이 간단한 기능부터 고급 기능까지 갖추고 있기 때문에 기능별 특징에 맞게 활용하면 좋을 것이다.

COLUMN   AWS Lambda와 연동

세 가지 분석 기능 외에도 S3와 연동할 수 있는 기능으로 AWS Lambda가 있다. Lambda는 이벤트 기반(이벤트에 맞춰 처리를 수행하는 방식)으로 코드를 실행하는 서비스이다.

S3 버킷에 객체를 업로드할 때 트리거로 Lambda 함수를 호출할 수 있기 때문에 '특정 버킷에 이미지 파일을 업로드할 경우 해당 이미지의 썸네일을 생성한다, 파일이 업로드되면 알림을 보낸다'와 같은 시스템을 간단히 생성할 수 있다.

▶ S3 Select는 CSV와 같이 구조화된 텍스트 형식의 데이터에 대해 SELECT와 같은 SQL 문을 실행하는 기능이다.

서비스명	S3 Select
URL	https://docs.aws.amazon.com/ko_kr/AmazonS3/latest/dev/s3-glacier-select-sql-reference.html
사용빈도	★★★
요금	스캔한 데이터양과 반환한 데이터양(GB)당 요금이 발생한다.

매니지드 서비스 ○	서울 리전 ○	VPC ×

▶ Athena는 CSV와 같이 구조화된 텍스트 형식의 데이터에 대해 SQL 문을 실행하는 기능이다.

서비스명	Athena
URL	https://aws.amazon.com/ko/athena/
사용빈도	★★★
요금	스캔한 데이터의 양 + 관련 비용

매니지드 서비스 ○	서울 리전 ○	VPC ×

▶ Redshifts는 S3의 데이터에 대해 SQL 문을 실행하는 기능이다. 대용량 데이터를 처리할 수 있다.

서비스명	Redshift
URL	https://aws.amazon.com/ko/redshift/
사용빈도	★★★
요금	컴퓨팅 노드의 접속 시간 + 옵션 + 관련 비용

매니지드 서비스 ○	서울 리전 ○	VPC ×

5.11 Amazon CloudFront: 콘텐츠 배포 서비스

AWS는 고속 콘텐츠 전송 네트워크 서비스인 Amazon CloudFront를 제공하고 있다. CloudFront는 엣지 서버를 사용하여 웹 서버의 부담을 줄이고 사용자도 쉽게 접속할 수 있게 한다.

5.11.1 Amazon CloudFront와 엣지 서버

Amazon CloudFront란 고속 콘텐츠 전송 네트워크(CDN, Content Delivery Network) 서비스이다. 웹 콘텐츠를 빠르게 전송한다. S3의 웹 사이트 호스팅 기능으로 구축한 웹 서버와 조합하여 많이 사용한다.

이러한 고속화는 웹 서버의 내용을 캐시하는 엣지 서버[3]를 사용하여 이루어진다. 보통 웹 사이트의 사용자는 웹 서버에 접속하여 페이지를 열람하는데, 매번 웹 서버에서 응답한다면 웹 서버의 부담이 커질 것이다. 따라서 엣지 서버에 캐시한 내용을 반환하게 하여 웹 서버의 부담을 줄인다. 또한, 엣지 서버는 그 이름처럼 각 리전의 네트워크 말단에 위치해 있다. 클라이언트가 접속하는 네트워크의 거리가 가깝기 때문에 이에 따른 반응 속도도 빨라진다.

---

3 역주 리전별로 존재하며, 사용자의 물리적 위치와 가까운 곳에 접속하게 하여 네트워크 속도를 높일 때 사용한다.

❤ 그림 5-25 엣지 서버에 의해 웹 콘텐츠를 캐시한다

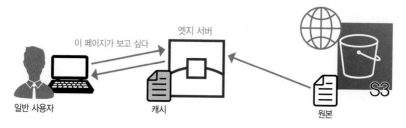

❤ 그림 5-25 엣지 서버에 의해 웹 콘텐츠를 캐시한다

5.11.2 Amazon CloudFront의 요금 체계

Amazon CloudFront는 기본적으로 데이터 송신에 대한 요금이 부과된다. 사이트 접속자의 요청이나 접속자에게 페이지 전송, 접속자가 업로드한 파일의 전송 등에 요금이 부과되지만, 엣지 서버가 원본 데이터를 캐시하기 위한 전송량은 요금이 부과되지 않는다. 그러나 캐시에 대한 요금은 부과된다.

❤ 그림 5-26 Amazon CloudFront의 요금

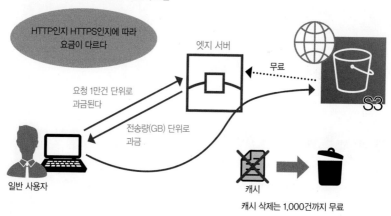

5.11.3 Amazon CloudFront의 요금 계층

Amazon CloudFront에는 요금 계층이 있고 계층에 따라서 사용할 수 있는

엣지 서버가 다르다. 선택한 요금 계층이 포함된 지역의 엣지 서버에서 콘텐츠가 전송된다. 또한, 엣지 서버별로 요금이 다르므로 접속자 수와 균형을 맞춰야 한다.

▼ 표 5-7 요금 계층별로 사용 가능한 엣지 서버(2021년 3월 기준)

요금 계층	요금 계층에 포함된 지역
전체	미국, 멕시코, 캐나다, 유럽, 남아프리카, 케냐, 중동, 남아메리카, 일본, 오스트레일리아, 뉴질랜드, 홍콩, 필리핀, 싱가포르, 대한민국, 대만, 태국, 인도
200	미국, 멕시코, 캐나다, 유럽, 남아프리카, 케냐, 중동, 일본, 홍콩, 필리핀, 싱가포르, 대한민국, 대만, 태국, 인도
100	미국, 멕시코, 캐나다, 유럽, 이스라엘

COLUMN 암호화 통신 지원

CloudFront는 TLS/SSL에 의한 암호화 통신을 지원하고 https://로 시작하는 URL에 접속하는 통신은 암호화된다.

일반적으로 암호화는 서버 인증서가 필요하지만, AWS Certificate Manager 서버를 사용하면 무료로 서버 인증서를 생성할 수 있다.

요약

▶ Amazon CloudFront는 웹 콘텐츠를 캐시하여 웹 콘텐츠를 더 빨리 전송한다.

서비스명	Amazon CloudFront		
URL	https://aws.amazon.com/ko/cloudfront/		
사용빈도	★★★		
요금	데이터 전송량 + 요청 + 옵션		
매니지드 서비스 ○	서울 리전 ○	VPC ×	

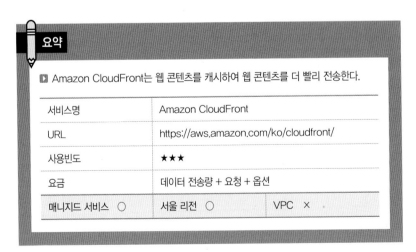

6장

가상 네트워크 서비스
Amazon VPC

서버를 아무리 많이 설치해도 그 서버에 네트워크가 연결되어 있지 않다면 무용지물이다. AWS에서는 가상 네트워크 서비스인 Amazon VPC를 제공하며, 기본 VPC도 제공하고 있어 쉽게 이용할 수 있다.

6.1 Amazon VPC란: AWS에 생성하는 가상 네트워크

Amazon VPC(이하 VPC)란 AWS가 제공하는 AWS 계정 전용 가상 네트워크이다. 네트워크와 서브넷 범위, 라우팅 테이블, 네트워크 게이트웨이 등 가상 네트워킹 환경을 설정할 수 있다.

6.1.1 Amazon VPC란

웹 서버나 데이터베이스 서버와 같은 서버들은 네트워크에 연결되어 있어야 한다. 한 장소에 모아서 네트워크를 연결하는 것도 가능하지만 그렇게 되면 서버로서의 의미가 없다. AWS 서비스인 EC2나 RDS(Relational Database Service)(AWS의 관계형 데이터베이스 서비스) 등도 마찬가지로 네트워크에 연결되어 있어야 한다.

이러한 네트워크를 구축하기 위해 사용되는 것이 Amazon Virtual Private Cloud(Amazon VPC)이다. Amazon VPC는 AWS 계정 전용 가상 네트워크 서비스로, AWS에서 제공하는 리소스만 설치할 수 있다. 특히 EC2나 RDS의 경우 VPC를 선택하지 않으면 서버를 생성할 수 없기 때문에 리소스를 사용하기 위해서는 반드시 필요한 서비스이다.

6.1.2 VPC의 구성

VPC 내에 서버를 설치하면 해당 네트워크에 소속되지만, 별도로 설정하지 않는다면 VPC 자체는 격리된 네트워크가 된다. 외부와 통신하려면 VPC를 인터넷 혹은 회사 내 LAN과 연결해야 한다.

❤ 그림 6-1 일반적인 네트워크의 예

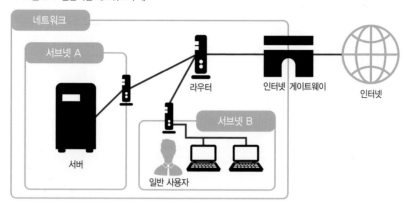

❤ 그림 6-2 VPC 구성의 예

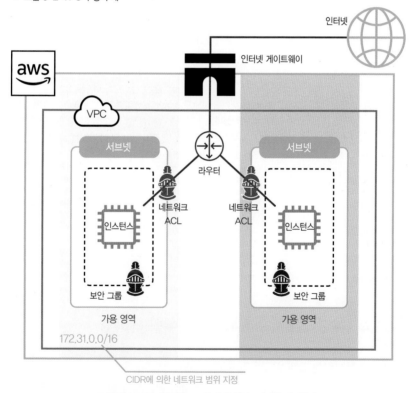

AWS에 VPC를 생성하고 그 안에 서버(인스턴스)를 설치한다.

6.1.3 VPC의 기능

VPC는 네트워크와 서브넷 범위, 라우팅 테이블, 네트워크 게이트웨이 등과 같은 가상 네트워킹 환경을 설정할 수 있다. 가상 환경이기 때문에 물리적인 네트워크와 다른 점도 있지만, 기본적인 개념은 같다. 또한, IPv4와 IPv6 둘 다 사용할 수 있다.

▼ 표 6-1 VPC의 주요 기능

항목	내용
CIDR 블록	서브넷을 말한다. 네트워크를 나눈 범위이다. VPC를 생성할 때 네트워크 범위를 CIDR로 정하고 이를 더 작은 서브넷으로 나누어 사용한다.
서브넷 마스크	네트워크의 크기를 계산하는 값이다. CIDR는 서브넷 마스크의 표기법 중 하나이다.
가용 영역	서브넷이 구축된 물리적 장소이다.
인터넷 게이트웨이	인터넷에 접속하기 위한 출입구로, VPC를 인터넷에 연결하지 않을 경우에는 불필요하다.
라우팅	어떤 데이터를 어디에 보낼지 조정한다. 인터넷 게이트웨이와 라우팅으로 데이터 송수신을 설정하지 않으면 VPC가 인터넷과 접속되지 않는다. 가정이나 기업의 라우터(가정은 공유기) 장비가 이 역할을 수행하는 경우가 많지만, AWS는 소프트웨어가 이 기능을 담당한다.
라우팅 테이블	라우팅에 대한 설정이 기록된 테이블이다.
보안 그룹	AWS가 제공하는 가상 방화벽이다. 인스턴스 단위로 설정하며 유입되는 데이터는 '거부'가 기본 설정이다.
네트워크 ACL	AWS가 제공하는 가상 방화벽이다. 서브넷 단위로 설정된다.

6.1.4 VPC 네트워크의 특징과 라우팅 테이블

VPC 네트워크는 클라우드이기 때문에 일반 네트워크와 조금 다르다. 그중 가장 큰 차이점은 라우터이다. VPC는 물리적인 라우터가 아닌 소프트웨어가 라우터 역할을 하며 라우팅을 수행한다. 라우팅은 설정된 라우팅 테이블에 따라 동작하는데, 라우팅 테이블 하나에 서브넷 여러 개를 설정할 수 있다. 물리적인 서버의 경우 LAN 케이블과 와이파이(Wi-Fi)로 라우터와 연결하겠지만, 클라우드는 라우팅 테이블로 연결한다.

일반적인 서브넷 사이의 통신은 라우터로 이루어지지만, VPC의 경우는 라우터 없이 직접 통신할 수 있다. 또한, VPC 하나에 인터넷 게이트웨이[1] 한 개만 설정할 수 있다. 라우터와 인터넷 게이트웨이는 명시적인 IP 주소가 부여되지 않는다. 이는 클라우드의 특징이라고 할 수 있다. VPC 네트워크의 특징은 다음과 같다.

- 소프트웨어가 라우팅한다. 라우터는 IP 주소를 갖지 않는다.
- 라우팅 테이블 한 개에 서브넷 여러 개를 설정할 수 있다.
- VPC 한 개에 인터넷 게이트웨이는 한 개만 설정할 수 있고, IP 주소를 갖지 않는다.
- 서브넷 사이의 통신은 라우터 없이 직접 통신할 수 있다.

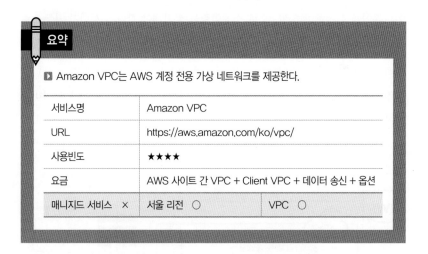

요약

▶ Amazon VPC는 AWS 계정 전용 가상 네트워크를 제공한다.

서비스명	Amazon VPC	
URL	https://aws.amazon.com/ko/vpc/	
사용빈도	★★★★	
요금	AWS 사이트 간 VPC + Client VPC + 데이터 송신 + 옵션	
매니지드 서비스　×	서울 리전　○	VPC　○

1　인터넷 게이트웨이에 대한 자세한 내용은 6.6절에서 설명한다.

VPC의 사용 절차:
가상 네트워크를 사용하자

VPC를 사용하려면 관리 콘솔에서 별도로 설정해야 한다. 이때 중요한 설정이 서브넷이다. 서브넷 설정은 CIDR(Classless Inter-Domain Routing) 블록에 네트워크 범위를 설정한 후에 서브넷을 나눈다.

6.2.1 VPC 설정을 위해 꼭 필요한 사항

VPC는 네트워크이다. 따라서 서버(인스턴스)가 어떤 환경에 설치되어 있는지 그리고 인터넷에 연결해야 하는지에 대한 설정이 필요하다. 특히 중요한 것은 인터넷 연결 여부와 오토 스케일링이다. 인터넷에 연결해야 한다면 인터넷 게이트웨이를 설정해야 하고, 오토 스케일링을 설정해야 한다면 서버가 자동으로 늘어나기 때문에 IP 주소를 많이 확보해 두어야 한다.

또한, 보안 그룹과 네트워크 ACL을 설정하려면 인스턴스 용도에 맞는 포트를 설정하는 것도 고려해야 한다. 모든 포트가 닫힌 것이 기본 설정이므로 서버를 사용하려면 기본 설정을 변경해야 한다. 다만, VPC는 기본 VPC를 비롯해 기본 서브넷과 보안 그룹도 제공한다. 잘 모른다면 기본 VPC를 추천한다.

❤ 그림 6-3 VPC란 네트워크이다

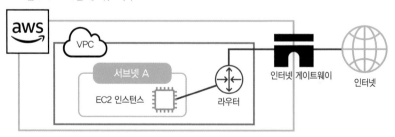

6.2.2 VPC 사용 절차

VPC의 사용 절차를 알아보자. 우선 VPC 이름을 정하고 CIDR 블록에 네트워크 범위를 설정한다. 그 후에 네트워크를 작게 서브넷으로 나눈다. 큰 사무실이 있고 업무별로 파티션을 나눈다고 생각하면 이해하기 쉬울 것이다. 인터넷에 접속하려면 인터넷 게이트웨이를 생성하고 라우팅을 설정(라우팅 테이블과 매핑)해야 한다. 그리고 그 외에 보안도 설정(보안 그룹, 네트워크 ACL)해야 한다.

❤ 그림 6-4 VPC 사용 절차

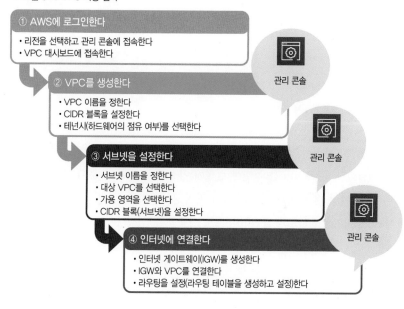

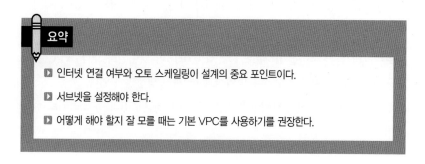

6.3 기본 VPC: AWS가 제공하는 기본 VPC

누구나 네트워크 지식이 있는 건 아니다. 따라서 AWS는 네트워크 지식이 없어도 VPC를 사용할 수 있도록 기본 VPC를 제공한다. 기본 VPC는 일반적인 설정으로 구성되어 있기 때문에 네트워크 지식이 없다면 기본 VPC를 사용하기를 권장한다.

6.3.1 기본 VPC란

AWS는 네트워크에 대한 지식이 없어도 이용할 수 있도록 리전별로 기본 VPC를 제공한다. 기본 VPC는 특별한 설정 없이 바로 사용할 수 있다. 특별한 요건이 없는 이상, 기본 VPC를 사용하는 편이 좋다. 또한, 기본 VPC에서 Elastic Load Balancing(ELB)과 같은 서비스도 사용할 수 있다.

6.3.2 기본 VPC의 구성

기본 VPC는 서브넷과 인터넷 게이트웨이가 기본적으로 구성되어 있다. 대시보드에서 EC2를 생성할 때나 RDS를 생성할 때도 기본 VPC를 선택할 수 있다.

네트워크의 범위는 사설 IP 주소 172.31.0.0/16이 부여된다. 기본 VPC는 기본 서브넷이라는 서브넷이 가용 영역별로 한 개씩 생성되어 있다. 서울 리전의 경우 총 4군데가 있다(2021년 3월 기준). 각 서브넷은 /20의 주소 범위로 설정되어 있다.

❤ 표 6-2 기본 VPC의 네트워크 구성

네트워크	CIDR	네트워크의 범위
VPC 전체의 네트워크 범위	172.31.0.0/16	172.31.0.0 ~ 172.31.255.255
서브넷 1	172.31.0.0/20	172.31.0.0 ~ 172.31.15.255
서브넷 2	172.31.16.0/20	172.31.16.0 ~ 172.31.31.255
서브넷 3	172.31.32.0/20	172.31.32.0 ~ 172.31.47.255
서브넷 4	172.31.48.0/20	172.31.48.0 ~ 172.31.63.255

인터넷 게이트웨이도 구성되어 있으므로 인터넷에 접속할 수 있다. 인터넷에 접속하고 싶지 않다면 별도의 VPC를 생성하거나 VPC 대시보드에 접속하여 기본 VPC를 변경해야 한다. VPC 마법사(wizard)를 사용하면 몇 단계에 걸쳐 선택만 해도 VPC를 생성할 수 있다.

❤ 그림 6-5 기본 VPC를 사용하면 간단히 네트워크를 구성할 수 있다

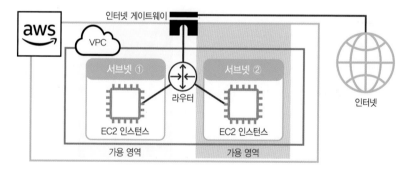

▶ 기본 VPC는 리전별로 구축되어 있는 VPC이다.

서비스명	기본 VPC	
URL	https://docs.aws.amazon.com/ko_kr/vpc/latest/ userguide/default-vpc.html	
사용빈도	★★★★★	
매니지드 서비스 ✕	서울 리전 ○	VPC ○

6.4 서브넷과 DHCP: 사용할 범위 선택

VPC를 사용하려면 서브넷에 대한 지식이 있어야 한다. AWS의 서브넷은 물리적인 위치와 관계가 있기 때문에 구조에 대해 잘 이해해야 하며, 서브넷은 CIDR 표기를 사용한다.

6.4.1 서브넷이란

서브넷이란 커다란 네트워크를 작게 나눈 네트워크를 말한다. 네트워크를 분할해 직접 통신할 수 있는 범위를 좁히고, 방화벽을 설정해 보안을 강화하는 것을 목적으로 한다. AWS의 경우에는 어떤 가용 영역에 서브넷을 둘지 설정한다. 즉, 서브넷은 물리적인 장소를 특정한다.

또한, VPC는 사용자가 사용할 수 있는 네트워크 범위를 생성하고 그 아래에 용도에 따라서 서브넷(작은 네트워크)을 생성한다. 서브넷을 나누어 서브넷 A는 공개하고, 서브넷 B는 비공개하는 식으로 서브넷별로 역할을 다르게 부여할 수도 있다. 일반적인 네트워크의 경우 서브넷끼리 통신하려면 라우팅이 필요하지만, VPC의 경우에는 라우팅 없이도 통신할 수 있다.

❤ 그림 6-6 서브넷을 나눠서 서브넷별로 역할을 다르게 할 수 있다

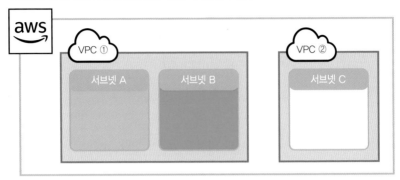

6.4.2 네트워크의 범위와 CIDR 표기

네트워크와 서브넷의 범위를 나누는 데 사용되는 표기법을 CIDR(Classless Inter-Domain Routing)라고 한다. 프리픽스 표기라고도 하는데 /24, /20처럼 /(슬래시) 뒤에 네트워크 길이를 숫자로 적어서 표기한다. 255.255.255.0이나 255.255.240.0과 같이 서브넷 마스크로 표기하는 경우도 있지만, AWS는 CIDR를 사용한다.

CIDR는 IP 주소의 수를 나타낸다. /24이면 256개, /20이면 4,096개를 의미한다. 상세한 설명은 생략하지만, 2의 '32 - 네트워크 길이' 제곱을 기억하면 쉽게 계산할 수 있다.

❤ 그림 6-7 CIDR 표기와 IP 주소 개수 계산

네트워크 범위는 범위 안에서 가장 첫 번째 IP 주소와 CIDR 순으로 표기한
다. 172.31.0.0./16이라면 /16은 65,536개라는 의미이므로 172.31.0.0부터
172.31.255.255까지가 네트워크 범위이다.

▼ 그림 6-8 네트워크 범위의 표기법

6.4.3 네트워크 클래스

네트워크는 규모에 따라서 A, B, C 세 클래스가 있다. A 클래스는 13만
~1,677만 개 정도의 IP 주소를 가진, 범위가 넓은 네트워크이다. B 클래스는
중간 규모이며 대략 512~6만 5천 개를 가지고 있으며, C 클래스는 소규모로
1~255개 범위이다.

▼ 표 6-3 네트워크 클래스와 IP 주소 수

클래스	CIDR	IP 주소 수	사설 IP 범위
A 클래스	/8 ~ /15	131,072 ~ 16,777,216	10.0.0.0 ~ 10.255.255.255
B 클래스	/16 ~ /23	512 ~ 65,536	172.16.0.0 ~ 172.31.255.255
C 클래스	/24 ~ /32	1 ~ 256	192.168.0.0 ~ 192.168.255.255

기본 VPC는 /16(B 클래스)으로 설정되어 있으며 이를 /20으로 분할한 서브넷
이 각 가용 영역에 구성되어 있다. /20 서브넷은 IP 주소 4,096개를 가지며 오토

스케일링을 설정해도 될 만큼 IP 주소를 충분히 많이 가지고 있다. 스스로 CIDR 를 설정할 때 /16이나 /20의 크기를 기준으로 하면 설정하기 쉬울 것이다.

 A 클래스에 대해서

AWS의 경우 부모가 되는 네트워크를 A 클래스로 설정할 수 있지만, 서브넷으로 사용할 수 있는 범위는 /16(B 클래스 최대치) 이하이다. 따라서 A 클래스를 서브넷으로 설정할 수 없다.

6.4.4 IP 주소 할당과 DHCP

일반적인 네트워크의 경우 IP 주소를 할당할 수 있는 것은 EC2 인스턴스와 RDS 인스턴스(데이터베이스) 등이다. 하지만 AWS의 VPC는 EC2 인스턴스나 RDS 인스턴스 외에도 라우터나 인터넷 게이트웨이의 IP 주소로도 앞서 설명한 예약 주소를 사용할 수 있다.

네트워크 및 서브넷에 사용되는 IP 주소의 범위는 관리자가 설정할 수 있고, DHCP(Dynamic Host Configuration Protocol)[2]에서 각 호스트(인스턴스)에 IP 주소를 자동으로 할당한다. VPC에는 DHCP 서버가 동작하고 있어 인스턴스가 추가되면 해당 서브넷 범위의 IP 주소 중에 하나가 할당된다. VPC가 일반적으로 사용하는 IP 주소는 사설 IP 주소이다.

---

2 [역주] 사용할 수 있는 IP 주소 풀을 보유하고 있어, 클라이언트에게 자동으로 IP를 할당하는 서버이다.

❤ 그림 6-9 DHCP에서 IP 주소를 자동으로 할당한다

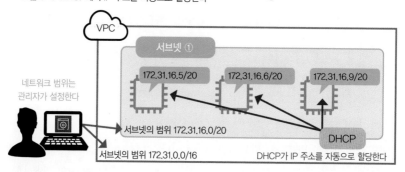

예약 IP 주소

서브넷의 첫 번째부터 네 번째까지의 IP 주소 4개와 마지막 IP 주소는 AWS에 예약된 IP 주소이기 때문에 사용할 수 없다. 따라서 사용할 수 있는 IP 주소가 256개라면 5개를 뺀 251개가 실제로 사용할 수 있는 IP 주소가 된다.

요약

▶ 서브넷은 커다란 네트워크를 작게 분할한 네트워크이다.

▶ 네트워크를 분할하려면 CIDR 표기를 사용한다.

▶ 네트워크는 클래스를 가지고 있다.

6.5 라우팅과 NAT: 공인 IP 주소와 사설 IP 주소 변환

네트워크 간 데이터를 주고받으려면 라우팅이나 NAT(Network Address Translation) (네트워크 주소 변환) 방식을 사용해야 한다. AWS를 사용할 때 이와 같은 네트워크 기초 지식이 부족하면 적절한 서비스를 구축하기 어려우므로 이 장에서 네트워크 기초 지식에 대해 공부해 보자.

6.5.1 네트워크와 라우팅

네트워크란 PC 여러 대가 서로 통신할 수 있도록 연결되어 있는 상태를 말한다.

PC가 보급되기 전에는 PC를 서로 일대일(1대1)로 연결하기도 했었지만, 현재는 LAN이나 WAN, 인터넷으로 연결해 라우터를 통해 데이터를 주고받는다.

회사처럼 PC가 여러 대 있는 환경에서 PC를 일대일로 연결하려면 선이 굉장히 많아질 것이며 현실적으로 구축할 수도 없다. 그래서 데이터를 라우터로 보내고, 라우터가 목적지로 보내는 방식이 필요한데, 이를 라우팅이라 한다. 라우팅은 여러 물동이를 거쳐 물을 전달하는 것처럼 호스트에서 호스트로 데이터를 전달하는 형태로 데이터를 송신한다.

❤ 그림 6-10 네트워크의 라우팅

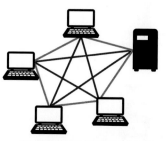

일대일로 연결하려면 컴퓨터 대수만큼
선이 필요하다

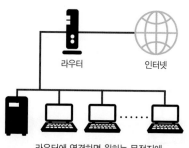

라우터

인터넷

라우터에 연결하면 원하는 목적지에
데이터를 보낼 수 있다

6.5.2 IP 주소와 게이트웨이

우편 배달부가 편지를 전해주는 것처럼 라우터가 각 PC에 데이터를 전달하려
면 대상을 식별할 수 있는 주소가 필요하다. 이 주소 역할을 하는 것이 IP 주소
이다. IP 주소는 클라이언트 PC나 서버뿐만 아니라 라우터 등 네트워크 안의
모든 호스트에 설정되어 있다.

목적지에 데이터를 보낼 때 목적지의 IP 주소를 지정한다. 그러고 나서 데이터
를 우선 네트워크 사이를 연결하는 라우터로 보낸다. 데이터를 받은 라우터는
자신의 네트워크 내에 목적지가 있는지 확인하고, 목적지가 있다면 데이터를
그 목적지(호스트)로 전달한다. 목적지가 없다면 다른 라우터로 전송한다. 라우
터에는 목적지로 가장 빠르게 전송할 수 있는 경로 정보가 설정되어 있어서 마
치 물동이를 전달하는 것처럼 좀 더 빠르게 데이터를 전송한다.

라우터는 네트워크의 관문에 위치해 있기 때문에 관문이라는 의미로 게이트웨
이라고도 한다. 게이트웨이 중에 '자신 이외의 접속되어 있는 모든 것(대부분의
경우 인터넷과의 연결점)'을 기본 게이트웨이라고 한다.

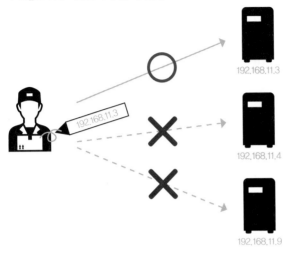

192.168.11.3

192.168.11.4

192.168.11.9

6.5.3 IP 마스커레이드

같은 회사 안에서 데이터를 전송할 경우에는 라우터를 이용하는데, 이때 라우터는 목적지를 알고 있다. 하지만 멀리 떨어진 곳에 살고 있는 친구에게 데이터를 전송할 경우에는 대부분 인터넷을 이용한다. 즉, LAN 이외에는 기본적으로 인터넷을 거쳐야 한다.

LAN에서 인터넷으로 데이터를 전송할 때 LAN 내부의 출입구가 되는 것이 게이트웨이이다. 게이트웨이는 기기의 역할을 말하며 실제 기기는 라우터이다. LAN에서 전송되는 데이터를 인터넷으로 보내고, 인터넷에서 들어오는 데이터를 목적지 PC로 전송한다.

요즘 LAN 내부의 PC에는 전부 사설 IP 주소를 할당하는 게 일반적이다. 하지만 인터넷상에서 공인 IP 주소가 없다면 식별할 수 없기 때문에 게이트웨이가 사설 IP 주소를 공인 IP 주소로 변환하고 가정 내에서 혹은 회사 내에서는 공인 IP 주소 하나를 공동으로 사용한다. 주소 변환을 담당하는 것이 IP 마스커레이드(masquerade)(**NAPT**(Network Address Port Translation))이다.

❤ 그림 6-12 IP 주소와 포트를 변환하여 네트워크에 접속할 수 있다

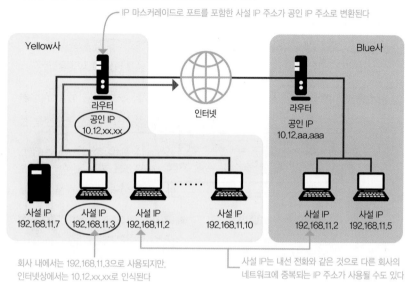

IP 마스커레이드로 포트를 포함한 사설 IP 주소가 공인 IP 주소로 변환된다

Yellow사

라우터
공인 IP
10.12.xx.xx

인터넷

Blue사

라우터
공인 IP
10.12.aa.aaa

사설 IP
192.168.11.7

사설 IP
192.168.11.3

사설 IP
192.168.11.2

······

사설 IP
192.168.11.10

사설 IP
192.168.11.2

사설 IP
192.168.11.5

회사 내에서는 192.168.11.3으로 사용되지만,
인터넷상에서는 10.12.xx.xx로 인식된다

사설 IP는 내선 전화와 같은 것으로 다른 회사의
네트워크에 중복되는 IP 주소가 사용될 수도 있다

6.5.4 NAT

IP 마스커레이드를 사용하면 내부에서 외부로 나가는 것은 가능하지만, 외부에서 내부로 들어오는 것은 불가능하다. IP 마스커레이드는 내부에서 외부로 요청하는 것에 응답하지만, 외부에서 내부로 요청하는 것에는 응답하지 않기 때문이다.

사실 PC(클라이언트)의 경우는 문제가 없지만, LAN 환경에 서버를 설치한 경우에는 당연히 외부 요청에 대해 응답해야 한다. 이럴 경우 서버만 양방향으로 통신할 수 있도록 IP 마스커레이드를 설정할 수 있다. 하지만 IP 마스커레이드는 공인 IP 하나만 설정할 수 있기 때문에 서버가 여러 대라면 공인 IP 주소를 여러 개 설정할 수 있는 NAT(Network Address Translation)를 사용해야 한다.

IP 마스커레이드와 NAT는 비슷하지만, IP 마스커레이드는 일대다인 것에 비해 NAT는 다대다라는 점이 다르다. 또한, IP 마스커레이드는 포트(호스트상에

어떤 소프트웨어와 통신할 것인지 식별하는 번호)를 변환할 수 있지만 NAT는
포트를 변환할 수 없다는 점도 다르다.

❤ 그림 6-13 IP 주소를 변환하여 네트워크에 접속할 수 있다

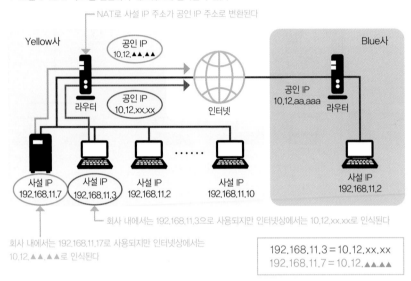

NAT와 IP 마스커레이드는 AWS의 인터넷 게이트웨이와 NAT 게이트웨이에 해
당한다. 자세한 내용은 다음 6.6절에서 설명한다.

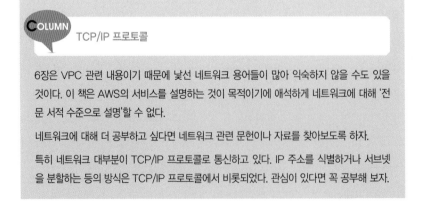

COLUMN TCP/IP 프로토콜

6장은 VPC 관련 내용이기 때문에 낯선 네트워크 용어들이 많아 익숙하지 않을 수도 있을
것이다. 이 책은 AWS의 서비스를 설명하는 것이 목적이기에 애석하게 네트워크에 대해 '전
문 서적 수준으로 설명'할 수 없다.

네트워크에 대해 더 공부하고 싶다면 네트워크 관련 문헌이나 자료를 찾아보도록 하자.

특히 네트워크 대부분이 TCP/IP 프로토콜로 통신하고 있다. IP 주소를 식별하거나 서브넷
을 분할하는 등의 방식은 TCP/IP 프로토콜에서 비롯되었다. 관심이 있다면 꼭 공부해 보자.

▶ 라우팅은 라우터에서 목적지까지 데이터를 송신하는 방법이다.

▶ IP 주소는 목적지이다.

▶ LAN 내부의 출입구가 되는 것이 게이트웨이이다.

▶ IP 마스커레이드는 일대다이며 공인 IP 주소와 사설 IP 주소를 변환한다.

▶ NAT는 다대다이며 공인 IP 주소와 사설 IP 주소를 변환한다.

▶ IP 마스커레이드는 포트를 변환할 수 있지만 NAT는 할 수 없다.

6.6 인터넷 게이트웨이와 NAT 게이트웨이: VPC에서 인터넷으로 접속

라우터란 데이터를 주고받는 기기이다. AWS는 물리적인 라우터가 아닌 소프트웨어적으로 라우팅을 수행한다. 라우팅은 라우팅 테이블에 따라 수행된다.

6.6.1 인터넷 게이트웨이

인터넷 게이트웨이는 인터넷 연결을 담당한다. EC2 인스턴스에 웹 사이트를 설치했을 때 웹 사이트에 접속하는 사람은 그 페이지에 접속하고 싶다는 요청을 보낸다. 해당 요청은 DNS에서 변환되어 목적지인 공인 IP 주소로 전달된다. 하지만 EC2 인스턴스는 사설 IP 주소밖에 설정할 수 없기 때문에 요청된 EC2 인스턴스의 연결 정보를 가지고 있는 인터넷 게이트웨이가 공인 IP 주소(목적지)를 사설 IP 주소로 변환하여 해당 EC2 인스턴스에 요청을 보낸다.

▼ 그림 6-14 인터넷 게이트웨이가 IP 주소를 변환한다

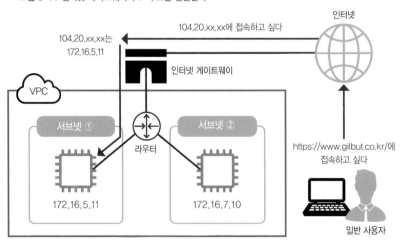

6.6.2 NAT 게이트웨이

회사 내부에서만 사용하는 서버의 경우에도 소프트웨어를 업데이트하려면 인
터넷에 연결해야 할 때가 있다. 이럴 경우 NAT 게이트웨이를 사용한다. NAT
게이트웨이는 서브넷에서 인터넷으로 접속할 수 있지만, 인터넷에서 서브넷으
로 접속하지 못 하게 한다.

❤ 그림 6-15 NAT 게이트웨이를 사용한다

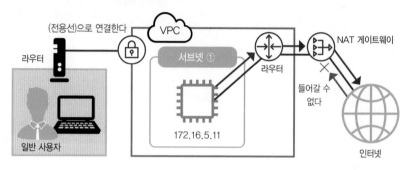

▶ 인터넷 게이트웨이는 EC2 인스턴스와 인터넷을 연결한다.

서비스명	인터넷 게이트웨이		
URL	https://docs.aws.amazon.com/ko_kr/vpc/latest/userguide/VPC_Internet_Gateway.html		
사용빈도	★★★★		
매니지드 서비스 ✕	서울 리전 ○		VPC ○

▶ NAT 게이트웨이는 EC2 인스턴스와 인터넷을 연결한다. 인터넷에서 서브넷으로 접속하지 못 하게 할 수 있다.

서비스명	NAT 게이트웨이		
URL	https://docs.aws.amazon.com/ko_kr/vpc/latest/userguide/what-is-amazon-vpc.html[3]		
사용빈도	★★★★		
매니지드 서비스 ✕	서울 리전 ○		VPC ○

---

3 역주 NAT 게이트웨이 URL이 없어지고 VPC로 리다이렉트되어서 VPC 링크를 넣었다.

6.7 | 보안 그룹과 네트워크 ACL: 보안 설정

AWS는 보안 그룹과 네트워크 ACL 두 종류의 가상 방화벽을 제공한다. 두 가지는 사용하는 범위가 다르며, 규칙의 적용 순서도 다르다. 이 장에서는 각 특성에 대해 공부해 보자.

6.7.1 보안 그룹과 네트워크 ACL

VPC의 가상 방화벽으로 보안 그룹과 네트워크 ACL이 있다. 방화벽이란 네트워크 통신을 제어하는 방식을 말한다. 보안 그룹과 네트워크 ACL은 인바운드 트래픽(데이터가 유입되는 것)과 아웃바운드 트래픽(데이터가 유출되는 것)을 제어한다. 반드시 양쪽 모두 설정해야 하며 명시적으로 설정하지 않으면 기본 설정이 적용된다.

❤ 표 6-4 보안 그룹과 네트워크 ACL의 특징

항목	보안 그룹	네트워크 ACL
설정 범위	인스턴스에 대해 설정한다(보안 그룹을 최대 5개 할당할 수 있다).	서브넷에 설정한다.
규칙	규칙 허용만 가능하다.	규칙 허용과 거부가 가능하다.
설정	스테이트풀(stateful) (규칙과 상관없이 반환된 트래픽을 자동으로 허용한다)	스테이트리스(stateless) (반환된 트래픽을 규칙에 따라 명시적으로 허용한다)
규칙의 적용 순서	모든 규칙을 확인하여 트래픽의 허가 여부를 정한다.	순서대로 규칙을 처리하면서 트래픽의 허가 여부를 정한다.

두 서비스는 설정 수준과 허가 범위가 다르다. 네트워크 ACL은 서브넷 단위로 설정하기 때문에 개별 인스턴스에 설정할 필요가 없다는 점이 두 서비스의 가장 큰 차이이다. 만에 하나 인스턴스에 보안 그룹을 설정하지 않아도 네트워크 ACL로 처리할 수 있기 때문이다. 네트워크 ACL 하나에 서브넷 여러 개를 설정할 수 있지만, 서브넷 하나에 네트워크 ACL을 여러 개 설정할 수는 없다. 네트워크 ACL이 설정된 서브넷에 새로운 네트워크 ACL을 설정하면 덮어쓰게 된다.

❤ 그림 6-16 보안 그룹과 네트워크 ACL로 데이터 통신을 제어한다

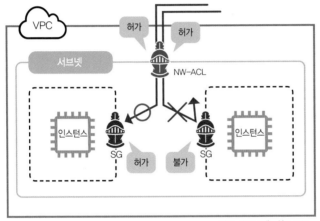

NW-ACL: 네트워크 ACL
SG: 보안 그룹

6.7.2 인바운드 및 아웃바운드 설정과 잘 알려진 포트

트래픽은 인바운드와 아웃바운드 각각에 대해 포트 단위로 허가 여부를 설정한다. 포트는 25, 80 등과 같이 포트 번호로 지정한다.

포트란 '통신의 입구'를 말한다. 웹, 메일, FTP와 같이 서버에 어떤 데몬(서비스)이 동작할 때 해당 서비스를 사용하는 포트는 수신 대기 상태가 된다.

예를 들어 웹 사이트를 운영할 경우 http와 https 포트를 열어야 한다. 어떤 포트를 사용해도 상관없지만, 실제로는 서비스별로 잘 알려진 포트(well-known ports)가 정해져 있어 특별한 경우가 아닌 이상 해당 포트를 사용한다.

보안 그룹은 인바운드를 허가하지 않으며 아웃바운드를 허가하고, 네트워크 ACL은 양쪽 모두를 허가하는 것이 각 기본 설정이다. 그 후 보안 그룹은 필요한 포트만 허가하는 것이 일반적이다.

▼ 표 6-5 주요 포트 번호(잘 알려진 포트)

포트 번호	서비스	내용
25	SMTP	메일 송신
110	POP3	메일 수신
143	IMAP4	메일 수신
80	HTTP	웹 송수신
443	HTTPS	웹 송수신
22	SSH	SSH 통신
1433	SQL Server	데이터베이스 통신
1521	Oracle Database	데이터베이스 통신
3306	MySQL	데이터베이스 통신
5432	PostgreSQL	데이터베이스 통신
5439	Redshift	데이터 웨어하우스 통신
20 및 21	FTP	파일 전송 통신(AWS는 사용하는 경우가 드물다)
53	DNS	도메인 관리 통신(AWS는 사용하는 경우가 드물다)
3389	RDP	원격 데스크톱 통신
32768~65535	AWS의 경우 아웃바운드 지원	

COLUMN 데몬이란

PC(서버)의 전원이 켜져 있는 동안 계속해서 동작하고 있는 소프트웨어를 말한다. 이와 같이 상주하는 소프트웨어를 유닉스 OS에서는 데몬(daemon)이라 하고, 윈도에서는 서비스 (service)라고 한다. 필요할 때 기동하고 종료하는 워드나 엑셀과 같은 소프트웨어는 데몬이라 하지 않는다. 웹 기능이나 메일 기능은 데몬에 의해 실행된다.

❤ 그림 6-17 상주하는 소프트웨어를 데몬이라 한다

요약

▣ 보안 그룹은 인스턴스에 설정하는 가상 방화벽이다.

서비스명	보안 그룹	
URL	https://docs.aws.amazon.com/ko_kr/vpc/latest/ userguide/VPC_SecurityGroups.html	
사용빈도	★★★★	
매니지드 서비스 ×	서울 리전 ○	VPC ○

▣ 네트워크 ACL은 서브넷에 설정하는 가상 방화벽이다.

서비스명	네트워크 ACL	
URL	https://docs.aws.amazon.com/ko_kr/vpc/latest/ userguide/VPC_SecurityGroups.html	
사용빈도	★★★★	
매니지드 서비스 ×	서울 리전 ○	VPC ○

6.8 | VPC 엔드포인트: 다른 AWS 서비스 및 엔드포인트 서비스와 연결

AWS에는 VPC를 지원하는 서비스와 지원하지 않는 서비스가 있다. 이러한 서비스들을 연동하려면 서로 접속할 수 있어야 하는데, 이때 연결점이 되는 것이 VPC 엔드포인트이다.

6.8.1 VPC 엔드포인트란

VPC 엔드포인트란 VPC 내부에서 VPC 외부로 접속하기 위한 연결점을 제공하는 서비스이다.

VPC 내 서브넷 간에는 직접 통신할 수 있고, VPC 간에도 하나의 네트워크처럼 연결되어 통신할 수 있다. 하지만 VPC 외부의 다른 서비스와 VPC를 연결하려면 인터넷 게이트웨이를 사용해 인터넷으로 접속해야 한다.

AWS의 모든 서비스가 VPC 내에 설치되어 있는 건 아니다. VPC를 사용하지 않는 대표적인 서비스로 S3와 DynamoDB가 있다. AWS 안에서는 전부 통신할 수 있을 거라 생각했는데, 일부러 인터넷 회선을 통해서 외부로 연결해야 한다면 작업도 번거롭고 보안 면에서도 불안할 것이다.

이러한 단점을 보완하기 위해 인터넷 게이트웨이를 통하지 않고, S3와 같은 VPC 외부에 있는 서비스와 VPC를 직접 연결해주는 것이 엔드포인트 서비스이다. VPC의 출입구로 엔드포인트를 설정하면 S3와 직접 연결할 수 있다.

종류는 인터페이스 엔드포인트와 게이트웨이 엔드포인트로 두 가지이다.

❤ 그림 6-18 VPC 엔드포인트

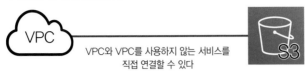

VPC와 VPC를 사용하지 않는 서비스를
직접 연결할 수 있다

6.8.2 인터페이스 엔드포인트와 게이트웨이 엔드포인트

VPC 엔드포인트는 가상 서비스이다. 확장성과 고가용성[4]을 지원하며, 네트워크 트래픽에 대해 자동으로 스케일링되기 때문에 네트워크 트래픽에 대해 고민하지 않아도 된다.

엔드포인트는 2종류로, 인터페이스 엔드포인트는 네트워크 인터페이스(ENI, Elastic Network Interface)로 구축하는 유형이며 게이트웨이 엔드포인트는 라우팅 테이블에 설정된 내용을 라우팅하는 유형이다.

인터페이스 엔드포인트는 사설 IP 주소를 가진 ENI가 존재하며 각 서비스와 연결하는 출입구 역할을 한다. AWS PrivateLink라는 방식을 사용하기 때문에 AWS 외에 타사 서비스가 PrivateLink를 지원한다면 사용할 수 있다. 한편 게이트웨이 엔드포인트는 서비스 리전 단위로 라우팅 테이블을 설정하는 방식이다. 한 번 설정하면 해당 리전의 모든 서비스에 사용할 수 있다. S3와 DynamoDB는 이러한 형식을 취하고 있다.

❤ 그림 6-19 인터페이스 엔드포인트의 예

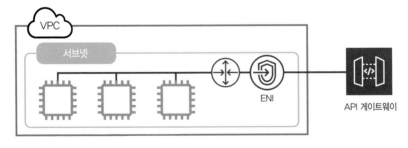

4 역주 시스템이 멈추지 않고 지속적으로 운영 가능한 성질을 말하며, 절대 멈추지 않는 시스템을 말한다.

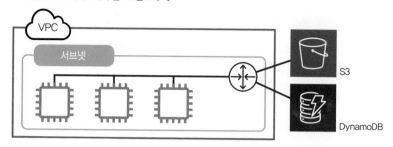
❤ 그림 6-20 게이트웨이 엔드포인트의 예

6.8.3 VPC 엔드포인트의 요금

엔드포인트의 요금은 무료이지만, 인터페이스 엔드포인트의 경우에는 AWS PrivateLink를 사용하므로 이에 대한 요금이 부과된다. 인터페이스 엔드포인트가 설정되어 있으면 요금이 부과되고, 삭제하면 부과되지 않는다.

• 인터페이스 엔드포인트의 요금

요금 = ① VPC 엔드포인트 한 개당 사용료 + ② 데이터 처리량

① VPC 엔드포인트 한 개당 사용료
VPC 엔드포인트 한 개당 PrivateLink를 사용한 시간에 대해 요금이 부과된다.
0.013 US달러 정도/시간

② 데이터 처리량
데이터 처리량에 대한 요금(US달러)은 처리 데이터 1GB당 0.01 US달러 정도이다. 최저 요금은 1시간 혹은 1GB부터 계산된다(2021년 3월 기준).

• 게이트웨이 엔드포인트 요금
사용료는 무료이지만 EC2와 마찬가지로 데이터 송신료가 부과된다.

▶ VPC 엔드포인트는 인터넷 게이트웨이를 통하지 않고 VPC를 사용하지 않는 서비스와 VPC를 연결한다.

서비스명	VPC 엔드포인트
URL	https://docs.aws.amazon.com/ko_kr/vpc/latest/userguide/vpc-endpoints.html
사용빈도	★★★
요금	VPC 엔드포인트 기본 요금 + 데이터 전송 요금

매니지드 서비스 ○	서울 리전 ○	VPC ○

6.9 VPC 연결: VPC와 VPC의 연결과 VPC와 VPN의 연결

VPC와 다른 네트워크를 연결하는 방법은 몇 가지 있다. 대표적인 것이 VPC 피어링(peering)이나 전송 게이트웨이(transit gateway)를 사용하는 방법이다. 그 외에 VPN 연결이나 AWS Direct Connect를 사용하는 경우도 있다.

6.9.1 VPC 연결

VPC는 다른 VPC나 네트워크와 연결할 수 있다. 회사 내 VPC끼리 연결하는 것뿐만 아니라 다른 회사의 VPC와도 연결할 수 있다. VPC끼리 연결하려면 VPC 피어링이라는 기능을 활성화해야 한다.

또한, VPC는 물리적인 네트워크 혹은 다른 클라우드에도 접속할 수 있다. 예를 들면 AWS를 회사 LAN이나 온프레미스 시스템과 연결하면 물리적인 네트워크의 연장선으로 사용할 수 있다. 즉, AWS는 인터넷상의 서비스뿐만 아니라 회사 시스템을 구축할 때도 사용할 수 있다.

전용선 혹은 가상 사설망(VPN, Virtual Private Network)을 사용하면 AWS와 사내 LAN이나 온프레미스를 안전하게 연결할 수 있어서 통신 내용이 누설될 걱정을 하지 않아도 된다. AWS는 전용선 서비스로 AWS Direct Connect를 제공하며, 가상 사설망 서비스로 **AWS VPN**을 제공한다.

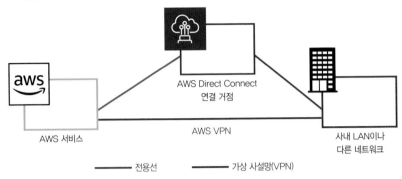

▼ 그림 6-21 다른 네트워크와 VPC 연결

AWS Direct Connect
연결 거점

AWS 서비스

AWS VPN

사내 LAN이나
다른 네트워크

———— 전용선　　　　———— 가상 사설망(VPN)

6.9.2 전용선과 가상 사설망

네트워크와 네트워크를 연결해 커다란 네트워크를 구축하는 것을 WAN(Wide Area Network)이라 한다. WAN은 오래전부터 있던 개념으로 본사와 지사, 지사와 지사 같이 일대일로 네트워크를 연결한다.

WAN을 구축하는 방법으로 전용선으로 연결하는 경우와 가상 사설망으로 연결하는 경우가 있고, AWS와 다른 네트워크를 연결하는 경우도 있다.

① 전용선

KT와 같은 통신 사업자가 직접 연결할 수 있는 회선인 전용선을 임대하여 구축한다. 비싸지만 안전하고 신뢰성이 높은 것이 특징이다.

② 가상 사설망

보유하고 있는 회선뿐만 아니라 공용 회선을 사용하여 거점끼리 통신을 암호화하여 연결한다. 비용은 싸지만 신뢰성이 낮다. 암호화 기술이 해석되지 않는 이상 데이터가 유출될 걱정은 없다.

VPN 중에 인터넷을 사용해 구축하는 경우를 인터넷 VPN이라 한다. 인터넷 VPN은 인터넷 회선만 사용하므로 선을 끌어오기 위한 공사는 불필요하며 VPN을 지원하는 라우터만 설치하면 이용할 수 있다.

6.9.3 AWS Direct Connect

AWS Direct Connect는 VPC나 AWS 서비스와 다른 네트워크를 전용선으로 연결하는 서비스이다. AWS에는 AWS Direct Connect 엔드포인트를 연결점으로 접속한다. 전용선에 접속하기 때문에 회선 공사가 필요하다. 또한, AWS에 해당 접속을 처리할 라우터를 설치해야 하므로 도입 규모가 크며 월 비용도 많이 발생한다. 비용을 절약하고 간단하게 도입하고 싶다면 AWS 파트너가 제공하는 AWS Direct Connect 공유 설비를 사용한 연결 서비스를 사용하는 방법도 있다.

▼ 그림 6-22 다른 네트워크와 VPC 연결

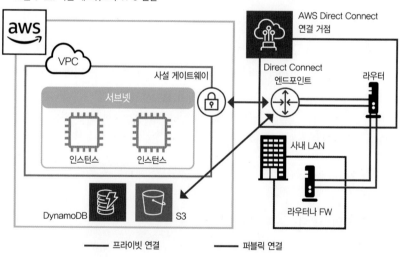

AWS Direct Connect를 사용한 연결에는 프라이빗 연결과 퍼블릭 연결이 있다. 프라이빗 연결은 VPC와 연결하는데, VPC에 사설 게이트웨이를 구축하고 이를 경유하여 통신하는 방법이다. 기본 설정은 일대일 연결이지만, AWS Direct Connect 게이트웨이를 구축하면 이를 분기점으로 일대다(AWS에 여러 개)로 연결할 수도 있다. AWS Direct Connect 게이트웨이는 AWS Direct Connect 컴포넌트 중 하나이다.

하지만 프라이빗 연결은 VPC를 지원하지 않는 서비스(S3나 DynamoDB 등)를 사용할 수 없다. 이럴 경우 퍼블릭 연결을 사용한다. 퍼블릭 연결은 각 서비스와 직접 연결한다.

6.9.4 AWS VPN

AWS VPN은 인터넷 VPN을 사용하여 다른 네트워크와 연결하는 방법이다. 인터넷을 이용한 연결이므로 회사 내 VPN을 지원하는 라우터가 설치되어 있다면 사용할 수 있다. 이 연결을 VPN 연결이라 한다.

구체적으로는 VPC에 VPG(Virtual Private Gateway)를 구축한다. 연결할 때는 회사 내에 VPN을 지원하는 라우터를 사용하는데, 이 라우터는 일반적인 VPN을 지원하는 라우터이지만, AWS 용어로 고객 게이트웨이라 한다. VPG를 생성하면 주요 라우터 기종의 설정 파일을 내려받을 수 있으므로 이를 수정하여 라우터를 설정하면 쉽게 사용할 수 있다.

AWS VPN은 간단한 반면 인터넷을 사용하므로 네트워크 품질과 속도를 보장하지 않는다. 회선이 끊어지거나 느려질 때 서비스에 문제가 발생하는 곳에서는 AWS VPN보다는 AWS Direct Connect를 쓰는 편이 좋다.

또한, AWS VPN은 퍼블릭 연결, 프라이빗 연결과 같은 구분이 없고 VPC만 접속할 수 있다. VPC를 지원하지 않는 서비스에 접속해야 할 경우 VPC에 연결한 다음 이를 해당 서비스로 연결한다.

6.9.5 전송 게이트웨이

전송 게이트웨이란 VPC나 온프레미스 네트워크(AWS Direct Connect 게이트웨이나 VPC 연결)를 하나로 묶어 서로 연결하는 '접속점'을 제공하는 서비스이다. 서로 다른 AWS 계정도 연결할 수 있다. 네트워크끼리 연결할 때는 어떤 네트워크와 어떤 네트워크를 연결하는 게 좋을지 그리고 그 경로를 어떻게 할지 하나씩 설정하는 것이 기본이다. 수가 많아지면 VPC 피어링, AWS Direct Connect 게이트웨이 등을 개별로 구축해야 하므로 굉장히 복잡해진다. 전송 게이트웨이는 이러한 네트워크 여러 개를 중앙 거점으로 집약하여 통신 경로를 통합적으로 처리하는 서비스이다.

▼ 그림 6-23 전송 게이트웨이는 연결점을 제공한다

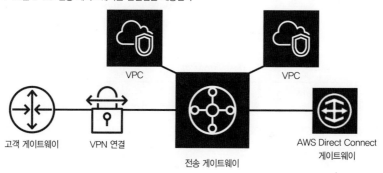

요약

▶ VPC 피어링은 VPC끼리 연결하는 기능이다.

서비스명	VPC 피어링	
URL	https://docs.aws.amazon.com/ko_kr/vpc/latest/peering/what-is-vpc-peering.html	
사용빈도	★★	
요금	가용 영역 간 혹은 리전 간의 요금에 준한다.	
매니지드 서비스 ✕	서울 리전 ○	VPC ○

▶ AWS Direct Connect는 AWS 네트워크에 전용선을 물리적으로 연결하는 방법이다.

서비스명	AWS Direct Connect	
URL	https://aws.amazon.com/ko/directconnect/	
사용빈도	★★★	
요금	포트 연결 요금 + 데이터 전송량	
매니지드 서비스 ×	서울 리전 ○	VPC ○

▶ AWS VPN은 AWS 네트워크에 가상으로 전용선을 연결한다.

서비스명	VPC VPN	
URL	https://docs.aws.amazon.com/ko_kr/vpc/latest/userguide/vpn-connections.html	
사용빈도	★★★	
요금	AWS 사이트 간 VPN + Client VPN + 데이터 전송량	
매니지드 서비스 ○	서울 리전 ○	VPC ×

▶ 전송 게이트웨이는 VPC나 온프레미스 네트워크를 하나로 묶어서 서로 연결하는 연결점을 제공한다.

서비스명	전송 게이트웨이	
URL	https://aws.amazon.com/ko/transit-gateway/	
사용빈도	★★★	
요금	전송 게이트웨이에 연결 요금 + 데이터 처리. 트래픽 요금은 트래픽 전송자에게 청구한다.	
매니지드 서비스 ○	서울 리전 ○	VPC ○

7장

데이터베이스
서비스
Amazon RDS

Amazon RDS는 Amazon Aurora를 비롯한 주요 관계형 데이
터베이스(RDB, Relational Database)를 제공하는 서비스이다.
이 장에서는 RDB를 시작으로 그 외에 키 밸류 스토어, 문서 기반
데이터베이스, 그래프 데이터베이스 등 다양한 데이터베이스 서비
스에 대해 소개한다.

7.1 데이터베이스와 RDB: 데이터를 관리하는 시스템

데이터베이스라고 하면 주소록과 같이 단순한 데이터의 집합이라고 생각하기 쉽다. 하지만 요즘 대부분 시스템에서는 데이터베이스를 사용하고 있다. 주류를 이루는 RDB뿐만 아니라 NoSQL을 사용하는 경우도 늘어나는 추세이다.

7.1.1 데이터베이스란

소프트웨어는 대규모 데이터를 다루기 위해 데이터베이스를 사용한다. 최근에는 데이터베이스를 사용하지 않는 서비스나 시스템은 없다고 해도 과언이 아닐 정도로 많은 시스템에서 데이터베이스를 사용하고 있다. 예를 들어 블로그나 SNS는 물론이고 검색 사이트나 쇼핑 사이트, 의료 기록 시스템, 그룹웨어, 스마트폰 게임, 동영상 사이트, 웹 메일 등 다 열거할 수 없을 정도로 많다.

데이터베이스는 구조적으로 정리된 데이터의 집합체이다. 데이터가 구조화되어 있기 때문에 데이터를 검색하거나 특정 데이터만 추출하는 등 프로그램으로 데이터를 쉽게 조작할 수 있다.

▼ 그림 7-1 데이터베이스란 데이터의 집합체이다

매출 데이터

id	date	company	charge
20190601	2019년 9월 4일	㈜도서출판길벗	216000
20190602	2019년 9월 4일		
20190603	2019년 9월 4일		
20190604	2019년 9월 4일		
20190605	2019년 9월 4일		
20190606	2019년 9월 4일		
20190607	2019년 9월 4일		
20190608	2019년 9월 4일		
20190609	2019년 9월 4일		
20190610	2019년 9월 4일		

주소록

ID	회사명	시도명	주소	우편번호
1101	○○사	마포구	???	156-0044
1102	ㅁㅁ사	마포구	???	156-0054
1103	◇◇사	마포구	???	157-0072
1104	××사	마포구	???	146-0091
1105	△△사	마포구	???	152-0033
1106	◎◎사	마포구	???	152-0033
1107	▽▽사	마포구	???	142-0041
1108	☆☆사	마포구	???	142-0043

7.1.2 데이터베이스와 DBMS

데이터베이스는 어디까지나 '데이터의 집합체'이며 데이터를 조작하는 기능은 없다. 실제로 데이터를 조작하는 것은 데이터베이스 관리 시스템(DBMS, Database Management System)이며, DBMS는 데이터 저장, 삭제, 검색 등과 같이 데이터베이스를 실제로 조작하는 역할을 담당한다.

하지만 DBMS는 어디까지나 '조작을 위한' 소프트웨어이며 AI처럼 자체적으로 판단하여 움직이는 것은 아니다. '이 데이터를 저장하고 싶다, 삭제하고 싶다, 검색하고 싶다'와 같은 의사 결정은 사람이 프로그래밍 언어로 명령해야 한다. 데이터베이스에 이러한 명령을 할 때 사용되는 언어 중 하나가 SQL이다.

SQL은 명령어(구문)와 명령 방법(문법)이 정의되어 있다. SQL은 표준화되어 있으며 DBMS에 따라 문법이 조금 다른 경우도 있지만 대부분 동일한 문법을 사용하고 있다.

SQL을 단독으로 사용하는 경우는 잘 없고 대부분 프로그램을 사용한다. 즉, 데이터베이스와 프로그램을 조합하여 사용하는 것을 전제로 하므로 '데이터베이스를 사용하고 싶으니 사용한다'라기보다는 '사용할 시스템이나 소프트웨어가 데이터베이스를 가지고 있기 때문에 사용한다'의 경우가 많을 것이다.

데이터베이스를 쓰지 않을 것 같은 시스템도 실제로는 데이터베이스를 사용하는 경우가 많다. 의외로 데이터베이스는 우리가 생활하는 곳 가까이에 많이 있다.

❤ 그림 7-2 데이터베이스에 대한 명령

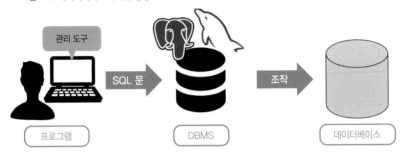

7.1.3 DBMS

일반적으로 데이터베이스와 DBMS를 통틀어 '데이터베이스'라고 한다. 그렇기 때문에 '데이터베이스는 어떤 걸 사용하나요?'라는 질문에 MySQL, PostgreSQL, Oracle Database이라고 답하지만, 이들은 정확하게는 DBMS이다. DBMS는 종류가 다양하다.

먼저 DBMS는 유료 소프트웨어와 무료 소프트웨어가 있다. 유료 DBMS로는 Oracle Database, SQL Server 등이 있으며, 무료 DBMS로는 MySQL, PostgreSQL, MariaDB 등이 있다.

각 DBMS의 기능은 크게 다르지 않다. 일부 기능이 다르거나, 처리 속도를 중

시하거나, 안전성을 중시하거나, 확장하기 쉬운지 여부 등과 같이 특화된 기능
이 조금씩 다를 뿐이다.

대규모 시스템의 경우는 벤더 지원을 받을 수 있는 유료 DBMS를 사용하는 경
우가 많고, 소규모 시스템의 경우는 비용을 절감하기 위해 무료 DBMS를 사용
하는 경우도 많다.

❤ 그림 7-3 다양한 DBMS

MySQL
https://www.mysql.com/

PostgreSQL
https://www.postgresql.org/

MariaDB
https://mariadb.org/

Amazon Aurora
https://aws.amazon.com/ko/rds/aurora/

7.1.4 RDB와 비RDB

데이터베이스는 크게 관계형 데이터베이스(RDB)와 비관계형 데이터베이스(비
RDB) 두 가지로 나뉜다.

관계형 데이터베이스는 주소록이나 엑셀과 같이 표 형태로 되어 있고 데이터의
종류까지 세세하게 설정하기 때문에 구축하기까지 시간이 들지만, 그만큼 정밀
한 조작이 가능하다. 데이터 관련 작업은 SQL을 사용한다.

비관계형 데이터베이스는 구조가 단순하고 설정할 부분이 적기 때문에 쉽게 구축할 수 있다. 복잡한 작업은 할 수 없지만 액세스가 빠르다. 대표적으로 키 밸류형, 문서형 등의 구조를 가지고 있다. SQL을 사용하지 않기 때문에 'NoSQL 데이터베이스'라고도 한다.

❤ 그림 7-4 데이터베이스의 종류

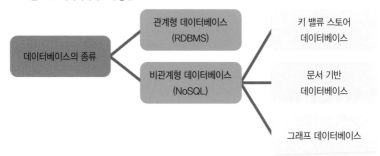

AWS는 RDB, 비RDB 모두를 제공한다. RDB 서비스로는 Amazon RDS (Relational Database Service)가 있으며 비RDB 서비스로는 Amazon DynamoDB 나 Amazon ElastiCache 등이 있다.

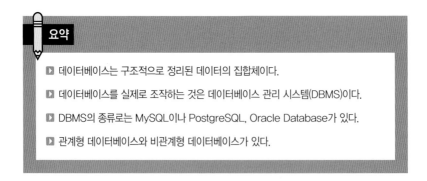

요약

▶ 데이터베이스는 구조적으로 정리된 데이터의 집합체이다.

▶ 데이터베이스를 실제로 조작하는 것은 데이터베이스 관리 시스템(DBMS)이다.

▶ DBMS의 종류로는 MySQL이나 PostgreSQL, Oracle Database가 있다.

▶ 관계형 데이터베이스와 비관계형 데이터베이스가 있다.

7.2 / Amazon RDS란: 주요 RDBMS를 제공하는 데이터베이스 서비스

AWS는 관계형 데이터베이스 서비스로 Amazon RDS(이하 RDS)를 제공한다. 대표적인 RDBMS인 Amazon Aurora, PostgreSQL, MySQL, MariaDB, Oracle Database, SQL Server를 제공한다.

7.2.1 Amazon RDS란

Amazon Relational Database Service(Amazon RDS)는 관계형 데이터베이스 6종류의 제품을 클라우드에 최적화된 상태로 제공하는 서비스이다. Amazon Aurora 외에도 PostgreSQL, MySQL, MariaDB, Oracle Database, SQL Server를 지원하며 메모리, 성능, I/O 등이 최적화된 데이터베이스 인스턴스를 제공한다.

데이터베이스의 제공 방식은 EC2와 비슷하다. VPC상에 인스턴스 형태로 구축하며 다양한 인스턴스 클래스를 사용할 수 있다. EC2와 다른 점은 RDS는 '매니지드 서비스'이며 업데이트 등의 관리가 AWS에 의해 자동으로 이루어진다는 점이다. 백업과 같이 번거로운 관리 작업도 자동화되어 있어 관리자가 수행할 필요가 없다.

AWS Database Migration Server(DMS)를 사용하면 기존 데이터베이스를 이전하거나 복제하는 것도 가능하다.

❤ 그림 7-5 RDS를 사용한다면 클라우드에서 데이터베이스를 이용할 수 있다

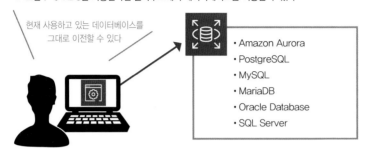

현재 사용하고 있는 데이터베이스를
그대로 이전할 수 있다

- Amazon Aurora
- PostgreSQL
- MySQL
- MariaDB
- Oracle Database
- SQL Server

7.2.2 인스턴스 클래스

RDS는 EC2와 마찬가지로 인스턴스 형식으로 사용한다. 인스턴스 클래스는
표준, 메모리 최적화, 버스트 성능의 3종류가 있으며 클래스에 따라 micro,
small, medium, large, xlarge, 2xlarge, 4xlarge, 8xlarge, 16xlarge 크기를
제공하고 있다. 인스턴스 클래스에 따라 지원하지 않는 DBMS나 버전도 있다.

또한, 데이터베이스 인스턴스는 VPC에 설치해야 한다. 예전에 데이터베이스
인스턴스는 VPC 외부에도 설치할 수 있었지만, 지금은 VPC에 설치하지 않으
면 안 된다.

❤ 표 7-1 주요 인스턴스 클래스

용도	인스턴스 클래스	내용
표준	db.m5 등	범용적인 인스턴스 클래스이다.
메모리 최적화	db.x1e	메모리를 많이 사용하는 애플리케이션에 최적화된 인스턴스 클래스로, 일부 리전에서만 제공된다. 한국 리전에서는 이용할 수 있다.
	db.x1	메모리를 많이 사용하는 애플리케이션에 최적화된 인스턴스 클래스이다. 메모리 최대치가 db.x1e의 절반이다.
	db.r5 등	네트워크와 EBS의 성능을 강화한다. AWS Nitro System을 사용한다.
버스트 성능	db.t3 등	CPU의 최대 사용률까지 버스트 성능으로 사용할 수 있다.

❤ 그림 7-6 인스턴스의 종류

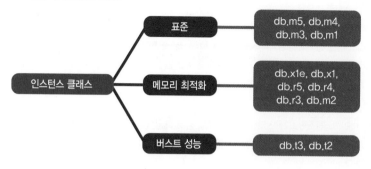

7.2.3 RDS 요금

RDS의 요금은 기본적으로 EC2와 비슷하지만, DBMS에 따라 인스턴스 요금이
다른 것이 특징이다. DBMS는 무료와 유료가 있고, 유료 DBMS는 AWS에서도
라이선스 사용료가 부과된다. 라이선스 요금은 인스턴스 요금에 포함되어 있다.

RDS 요금 = ① 스토리지 요금 + ② 데이터베이스 인스턴스 요금 + ③ 백업 스토리지 요금 +
④ 통신료

① 스토리지 요금
사용하고 있는 스토리지(디스크)에 대한 요금이다. 실제 사용한 용량이 아닌 확보하고 있는 용
량에 대해 과금되기 때문에 주의가 필요하다.

② 데이터베이스 인스턴스 요금(DBMS 라이선스 요금 포함)
EC2 인스턴스와 마찬가지로 가동한 시간당 요금이 부과된다. 간편하게 사용할 수 있는 인스
턴스부터 고성능 인스턴스까지 있으며 성능이 높을수록 요금이 비싸진다. 게다가 이중화 구
축 여부와 사용할 데이터베이스 엔진(DBMS)에 따라서 요금이 다르다. 다중 AZ로 구성하여
이중화를 구축하면 단일 AZ 구성보다 약 2배의 요금이 부과된다. 유료 DBMS의 경우에는
라이선스 요금까지 추가되기 때문에 오픈 소스 데이터베이스를 사용하는 경우에 비해 비용
이 높다.

③ 백업 스토리지 요금

데이터베이스 인스턴스를 백업할 수 있다. 이 백업을 스냅샷이라고 한다. 스냅샷은 백업 스토리지라고 하는 장소에 생성되며 사용 용량에 따라 요금을 부과한다. 단, 스냅샷 요금은 리전의 데이터베이스 스토리지 크기의 100%를 넘을 경우만 발생한다. 예를 들면 20GB의 데이터베이스를 운영하고 있을 경우 스냅샷의 용량이 20GB를 넘지 않으면 요금이 부과되지 않는다.

④ 통신료

데이터베이스 인스턴스가 인터넷으로 통신할 경우 해당 전송량에 대해 요금이 부과된다. VPC 내의 EC2 인스턴스와 통신하는 경우와 같이 AZ 내에서만 통신할 경우 요금이 부과되지 않는다.

COLUMN 　다중 AZ 구성이란

AZ란 가용 영역의 약자이다. 단일 AZ 구성은 한 곳에 가용 영역을 구축하는 것이다. 이에 반해 다중 AZ 구성은 여러 가용 영역에 구축하여 이중화 구성을 구현하는 것이다. 장애가 발생하여 중단되면 안 되는 서비스 환경일 때 다중 AZ 구성을 사용하는 것이 좋다.

7.2.4 RDS의 장점과 단점

RDS의 장점은 매니지드 서비스라는 점이다. AWS가 업데이트 등을 관리해주기 때문에 따로 관리하지 않아도 된다. 또한, 간단하게 데이터베이스를 생성할 수 있으며 온프레미스에서 데이터를 이전하기 쉽고 소프트웨어를 수정하지 않아도 이전이 가능하다. EC2와 연동하기 쉽고 같은 네트워크 내에 있다면 통신료도 무료이다.

단점은 사용자가 자유롭게 사용할 수 없다는 점이다. 제공하고 있는 DBMS의 종류나 버전이 한정되어 있으며 AWS가 업데이트를 자동으로 수행하여 편리하지만 오히려 업데이트하면 곤란한 시점에 수행되는 경우도 있다. 이러한 장점과 단점을 잘 고려하여 사용하자.

RDS의 자동 업데이트

RDS는 매니지드 서비스이다. 따라서 새로운 버전이 출시되거나 소프트웨어 취약점이 발견된 경우에는 자동으로 업데이트된다. '마음대로 업데이트하면 곤란한데'라고 생각할 수도 있을 것이다. 하지만 매니지드 서비스이기 때문에 어쩔 수 없다.

예고 없이 갑자기 업데이트한다면 당연히 곤란하기 때문에 서비스 정지가 필요할 경우에는 AWS에서 따로 공지한다. 이때 사용자는 세 가지 중 하나를 선택할 수 있다.

첫 번째는 그대로 자동 업데이트를 하는 방법이다. 테스트 환경으로 사용할 경우는 별로 영향이 없을지도 모르지만 그래도 싫어하는 관리자가 있을 것이다.

두 번째는 관리 콘솔에서 수동으로 업데이트하거나 업데이트 시간을 지정하는 방법이다. 업데이트 시에 일시적으로 데이터베이스 인스턴스를 사용할 수 없지만 관리자가 모르는 사이에 업데이트되는 것을 방지할 수 있고, 사전에 사이트 사용자와 시스템 사용자에게 공지할 수 있다.

세 번째는 추천하지는 않지만 업데이트를 무시하는 방법이다. 하지만 치명적인 취약점에 대한 업데이트는 무시하기 힘들고 오래된 버전은 AWS가 점점 지원을 종료하므로 어느 시점에는 업데이트를 해야 한다. 즉, 업데이트를 하지 않는 선택은 문제를 미루는 것에 불과하다. 업데이트를 아예 하지 않는 선택지는 없다고 생각하자.

요약

▶ Amazon RDS는 다양한 종류의 관계형 데이터베이스를 제공한다.

서비스명	Amazon RDS	
URL	https://aws.amazon.com/ko/rds/	
사용빈도	★★★★	
요금	스토리지 요금 + 데이터베이스 인스턴스 요금 + 백업 스토리지 요금 + 통신료	
매니지드 서비스 ○	서울 리전 ○	VPC ○

7.3 RDS에서 사용할 수 있는 DBMS: 데이터베이스 엔진을 선택한다

A W S

RDS에서 사용할 수 있는 DBMS는 SQL Server나 Oracle Database와 같은 상용 데이터베이스도 지원한다. 상용 데이터베이스의 경우 라이선스 요금이 인스턴스 사용료에 포함되어 있기 때문에 부담 없이 사용할 수 있다.

7.3.1 RDS에서 사용할 수 있는 데이터베이스 엔진

RDS는 AWS가 만든 Amazon Aurora 외에도 PostgreSQL, MySQL, MariaDB, Oracle Database, SQL Server 등 데이터베이스 엔진(DBMS) 6종류를 사용할 수 있으며 온프레미스에서 AWS로 쉽게 이전할 수 있다. SQL Server, Oracle Database와 같은 상용 데이터베이스도 지원한다. 상용 데이터베이스의 경우 데이터베이스 라이선스 요금이 인스턴스 사용 요금에 포함되어 있다. 요금 체계가 단순하다는 점도 장점이다.

❤ 그림 7-7 RDS에서 사용할 수 있는 데이터베이스 엔진

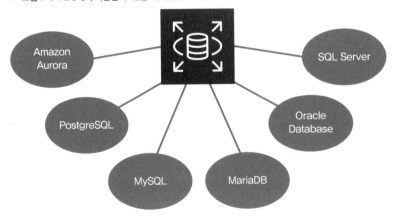

7.3.2 지원하는 DBMS 목록

RDS는 다음과 같은 DBMS를 사용할 수 있다. DBMS에 따라서 여러 버전을 지원한다. 인스턴스 클래스에 따라 DBMS나 버전을 지원하지 않는 경우도 있으니 주의하자.

▼ 표 7-2 RDS가 지원하는 DBMS

DBMS(제공사)	내용
Amazon Aurora (Amazon)	MySQL이나 PostgreSQL과 호환할 수 있다. AWS가 만든 관계형 데이터베이스이다.
PostgreSQL (PostgreSQL Global Development Group)	1970년대에 개발된 Ingres라는 데이터베이스로부터 만들어진 오픈 소스 데이터베이스이다. MySQL과 마찬가지로 블로그를 비롯하여 쇼핑몰 사이트까지 폭넓게 사용되고 있다.
MySQL (Oracle)	스웨덴의 MySQL AB가 개발한 데이터베이스이다. 그 후 썬 마이크로 시스템(현재 오라클)에 매수되었다. 블로그와 같이 소규모 시스템부터 쇼핑몰 사이트와 같은 대규모 시스템까지 설계에 폭넓게 사용되고 있으며 오픈 소스 RDBMS 중에 인기가 많은 편이다.
MariaDB (Monty Program Ab)	MySQL 개발자가 스핀아웃[1]하여 개발한 데이터베이스이다. 기능은 MySQL과 거의 같지만 라이선스가 GPL[2]이라는 점이 다르다.
Oracle Database (Oracle)	오라클이 제공하는 데이터베이스이다. 소규모 시스템부터 엔터프라이즈 시스템까지 폭넓게 지원하는 데이터베이스이며 증권이나 금융 시스템에 많이 사용되고 있다. 윈도는 물론 리눅스에서도 동작한다.
Microsoft SQL Server (Microsoft)	마이크로소프트가 제공하는 데이터베이스이다. 소규모 시스템부터 엔터프라이즈 시스템까지 폭넓게 지원한다. 원래는 윈도 서버용 소프트웨어였지만 현재는 리눅스에서도 동작한다.

---

1 [역주] 독립적으로 분리하는 것을 말한다.

2 [역주] General Public License의 약자로 소프트웨어 개발자가 정해 놓은 사용 방법으로, 조건 안에서 사용하는 것을 전제로 무료로 사용할 수 있는 라이선스이다.

7.3.3 Amazon Aurora란

Amazon Aurora는 MySQL이나 PostgreSQL과 호환할 수 있으며 AWS가 만든 관계형 데이터베이스이다. 요금이 조금 비싼 편이지만 견고하고 성능이 뛰어나다. 호환성을 가지고 있기 때문에 일반적인 도구나 스냅샷을 사용하여 온프레미스 환경의 MySQL이나 PostgreSQL을 이전할 수 있고, SQL 문도 그대로 사용할 수 있으며, 코드, 애플리케이션, 드라이버, 도구 등의 프로그램 및 소프트웨어를 수정할 필요도 없다.

또한, AWS용으로 설계되어 있기 때문에 일반적인 MySQL이나 PostgreSQL 데이터베이스에 비해 속도가 빠르다. 매니지드 서비스이며 안전하게 사용할 수 있다.

AWS에서 MySQL이나 PostgreSQL을 사용하는 방법은 3가지이다. EC2에 설치하는 방법과 RDS를 사용하는 방법, Amazon Aurora를 사용하는 방법이다. Amazon Aurora의 경우 DBMS를 변경할 때 큰 문제가 없고, 높은 성능을 원할 경우에 사용을 추천한다. RDS로 이전할 때 최신 버전이나 평가판, 이전 버전은 지원하지 않을 가능성이 있으므로 이럴 경우에는 EC2에 MySQL이나 PostgreSQL을 설치하여 이전한다.

요약

▶ Amazon RDS는 주요 RDBMS를 제공한다.

▶ 상용 데이터베이스도 지원한다.

▶ Amazon Aurora는 AWS가 만든 관계형 데이터베이스이다.

7.4 RDS 사용 절차: 데이터베이스를 사용하기까지의 절차

AWS

RDS를 사용하려면 관리 콘솔에서 RDS 대시보드에 접속하여 인스턴스를 생성해야 한다. 인스턴스를 작성하는 부분은 EC2와 같지만 매니지드 서비스이므로 업데이트가 자동으로 이루어진다.

7.4.1 RDS 조작

EC2와 마찬가지로 데이터베이스 작업은 '데이터베이스 준비'와 '데이터베이스 사용'으로 나누어진다.

데이터베이스 준비 작업은 데이터베이스를 만들거나 설정하는 등의 조작을 말한다. 이러한 작업은 관리 콘솔에서 이루어진다. 또한, RDS는 매니지드 서비스이므로 보안 패치 적용이나 업데이트는 자동으로 이루어진다.

한편 데이터베이스 사용 작업은 데이터를 입력, 삭제, 변경하는 조작을 말한다. 이러한 작업은 데이터베이스 클라이언트(관리 도구)나 소프트웨어(애플리케이션)를 통해 이루어진다.

RDS의 경우는 소프트웨어가 EC2에 설치되어 있는 경우가 많고, 연동해서 사용한다. 예를 들면 워드프레스(블로그용 시스템)인 경우 EC2에 워드프레스 애플리케이션을 설치하고 데이터베이스는 RDS로 구축한다.

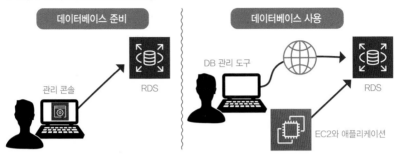

✔ 그림 7-8 데이터베이스의 준비와 사용

7.4.2 RDS 서비스의 기능

RDS는 데이터베이스 서비스이므로 설정할 수 있는 항목이 여러 가지이다. 설정 항목에 대해서 미리 알아보도록 하자.

① 데이터베이스 엔진 항목

먼저 어떤 DBMS를 사용할 것인지 정해야 한다. 또한, AWS가 지원하는 버전과 지원하지 않는 버전이 있다. 대부분의 데이터베이스는 소프트웨어와 연동해서 사용하기 때문에 같이 사용할 소프트웨어를 지원하는 DBMS 버전이 무엇인지 알아 두어야 한다.

✔ 표 7-3 데이터베이스 엔진 항목

항목	의미
데이터베이스 엔진	DBMS의 종류를 말한다. MySQL, PostgreSQL, MariaDB, Amazon Aurora 등이 있다.
템플릿	프로덕션 환경인지, 개발/테스트 환경인지를 표현한다. 프로덕션 환경을 선택하면 다중 AZ가 기본으로 활성화되는 등 해당 환경에 관한 설정이 표시된다.
라이선스 모델	GPL을 포함하여 라이선스 모델이 여러 개인 경우는 선택한다.
데이터베이스 엔진 버전	버전이 여러 개인 경우는 선택한다.

② 데이터베이스 인스턴스 항목

온프레미스 환경의 물리적인 서버에 해당하는 항목이다. 사용할 수 있는 예산과 관련되기 때문에 요금과 기대 효과를 고려하여 필요한 사양을 선택한다. 다중 AZ나 스케일링은 데이터베이스 규모와 중요도에 맞게 선택한다. 테스트용으로 사용할 경우 지워져서는 안 되는 데이터라면 불필요하겠지만 이중화를 설정해야 한다.

❤ 표 7-4 데이터베이스 인스턴스 항목

항목	의미
인스턴스 클래스	데이터베이스 인스턴스의 사양이다. EC2와 같이 여러 인스턴스 클래스를 제공한다.
다중 AZ 배포	두 개 이상의 AZ에 배포하여 이중화 구성 여부를 설정한다.
스토리지 유형	스토리지의 종류이다.
스토리지 할당	스토리지의 용량이다.
자동 스케일링	스토리지가 부족할 때 자동으로 늘릴지 여부를 설정한다.
스케일링 임계 값	자동 스케일링의 임계 값이다.
데이터베이스 클러스터 식별자	AWS에서 데이터베이스 클러스터를 관리하기 위한 이름이다. 데이터베이스명이 아니므로 주의해야 한다.
마스터 사용자명	데이터베이스 인스턴스의 관리자 권한을 가진 사용자명이다. 임의로 설정한다.
마스터 사용자 암호	데이터베이스 인스턴스의 관리자의 암호이다. 임의로 설정한다.

③ 네트워크 항목

RDS 인스턴스는 반드시 VPC에 설치해야 한다. EC2와 연동하려면 EC2가 사용하고 있는 서브넷 그룹 및 가용 영역을 확인해야 한다. 보안 그룹도 미리 생성해 두면 좋다.

항목	의미
VPC	RDS를 설치할 VPC이다. VPC의 생성은 VPC 대시보드에서 수행한다. 기본 VPC도 선택할 수 있다.
서브넷 그룹	RDS를 설치할 서브넷 그룹이다. EC2 인스턴스와 연동할 경우 동일한 곳에 설치하는 것이 일반적이다(사전에 정보를 알아 두어야 한다).
퍼블릭 액세스 가능[3]	데이터베이스 인스턴스에 공인 IP 주소를 할당할지 여부를 나타낸다. 같은 VPC 내의 서비스가 아닌 곳에서 데이터베이스에 직접 접속할 경우(회사 내 서버에서 직접 RDS에 접속해야 하는 경우를 말하지만 보안상으로 위험하므로 실제 사용 사례는 적을 것이다)에도 필요하다.
가용 영역	RDS를 설치할 가용 영역이다. EC2 인스턴스와 연동할 경우 동일한 곳에 설치하는 것이 일반적이다(사전에 정보를 알아 두어야 한다).
보안 그룹	인스턴스 단위로 설정하는 방화벽이다. 사용할 포트를 열지 않으면 통신이 안 되므로 주의하자.[4] 보안 그룹이 없으면 미리 만들어 두자. 설정하면서 생성도 가능하다.

④ 데이터베이스 환경 항목

데이터베이스별로 환경을 설정할 수 있다. 유지 보수와 관련된 설정이 많으므로 운영을 고려하여 설정하는 것이 좋다.

▼ 표 7-6 데이터베이스 환경 항목

항목	의미
데이터베이스명	데이터베이스 이름이다.
포트	사용할 포트이다. 1433(SQL Server), 3306(MySQL), 5432(PostgreSQL), 5439(Redshift), 1521(Oracle _Database)
데이터베이스 파라미터 그룹	환경 설정을 위한 옵션 설정이다. 대부분의 경우 기본 설정을 사용한다.
옵션 그룹	추가 기능에 대한 설정이다. 대부분의 경우 기본 설정을 사용한다.

◑ 계속

---

3   역주 Public accessible

4   역주 기본 차단이다.

항목	의미
암호화	암호화 여부를 나타낸다. 인스턴스의 종류에 따라서 사용할 수 없는 경우도 있다.
백업	자동으로 생성된 백업의 보존 기간을 말한다.
모니터링	데이터베이스 인스턴스를 모니터링하는 방법이다. '확장 모니터링'을 활성화하면 좀 더 상세한 정보를 얻을 수 있지만 요금이 부과된다.
로그 내보내기	Amazon CloudWatch Logs를 사용하여 로그를 출력한다.
유지 관리	자동 업데이트에 대한 방법과 시간대를 설정한다.
삭제 방지	삭제되지 않도록 보호 여부를 나타낸다.

7.4.3 RDS의 사용 절차

RDS를 사용하려면 관리 콘솔에서 RDS 대시보드에 접속하여 인스턴스를 생성해야 한다. 인스턴스가 생성되면 데이터베이스 클라이언트(관리 도구) 혹은 소프트웨어를 통해 데이터를 입력하고 갱신할 수 있다.

대부분의 경우 RDS는 EC2에 설치된 소프트웨어와 연동하여 사용한다. 따라서 EC2와 같은 네트워크에 위치해야 하며 EC2와 연동 작업이 필요하다. 또한, EC2, RDS 모두 같은 VPC에 위치해야 한다. 즉, RDS를 구축할 때 RDS와 연동할 EC2와 VPC에 대한 정보를 미리 알아 두면 좋다.

설계 단계에서 EC2, VPC, RDS에 대한 정보를 잘 정리하여 EC2에 설치한 소프트웨어가 RDS와 연동이 잘 안 되는 상황을 피하자.

❤ 그림 7-9 RDS 사용 절차

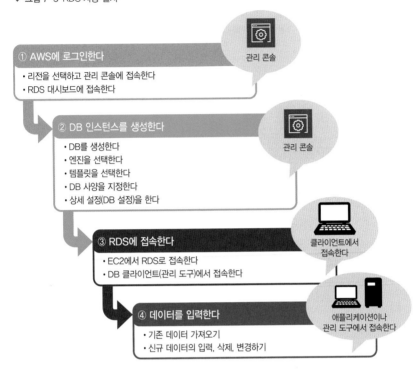

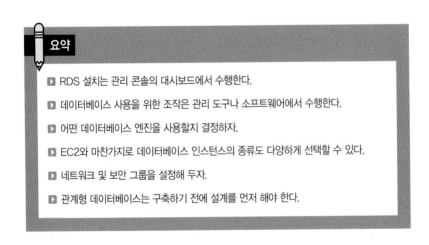

요약

▶ RDS 설치는 관리 콘솔의 대시보드에서 수행한다.

▶ 데이터베이스 사용을 위한 조작은 관리 도구나 소프트웨어에서 수행한다.

▶ 어떤 데이터베이스 엔진을 사용할지 결정하자.

▶ EC2와 마찬가지로 데이터베이스 인스턴스의 종류도 다양하게 선택할 수 있다.

▶ 네트워크 및 보안 그룹을 설정해 두자.

▶ 관계형 데이터베이스는 구축하기 전에 설계를 먼저 해야 한다.

7.5 키 밸류 데이터베이스: 키를 관리하는 데이터베이스 서비스

RDBMS가 등장하기 오래 전부터 키 밸류 스토어 데이터베이스는 존재했다. RDS 전성기에는 많이 사용되지 않았지만, 스마트폰 시대가 도래하고 데이터에 대한 취급 방법이 바뀌면서 최근에 다시 주목받기 시작했다.

7.5.1 키 밸류 스토어 데이터베이스란

키 밸류 스토어(key value store) 데이터베이스란 데이터의 형식에 관계없이 어떤 데이터에 대해서 특정 '키'가 되는 값을 결합하여 저장하는 방식의 데이터베이스이다. 줄여서 KVS라고 표기한다. NoSQL 데이터베이스의 대표적인 예이며 관계형 데이터베이스보다 역사가 오래 되었다.

키라는 것은 데이터를 찾기 쉽게 하기 위한 라벨을 말한다. 관계형 데이터베이스와 다르게 유연성이 높아서 형식에 구애받지 않고 데이터를 입력할 수 있는 반면, 어떤 것이든 데이터로 저장하므로 상세하게 검색할 수는 없다. 대신 데이터에 대한 액세스가 빠르다. 최근에는 빅데이터나 IoT와 같은 대용량 데이터를 빠르게 처리하는 경우에도 사용되고 있어 다시 주목받고 있다.

▼ 그림 7-10 키 밸류 스토어 데이터의 예

저장된 내용은 제각각이다
ID와 유형으로 검색한다

ID	유형	데이터			
1	book01	로버트 A 하인라인	「여름으로 가는 문」	「별을 위한 시간」	
2	music01	「알프스 교향곡」	지휘자 ○○, △△ 오케스트라	R.슈트라우스 작곡	55분
3	movie01	미나리			
4	movie01	기생충	132분		

AWS에 키 밸류 스토어 데이터베이스는 두 종류가 있다. 하나는 스토리지에 저장하는 DynamoDB이며 다른 하나는 메모리에 저장하는 Amazon ElastiCache이다.

7.5.2 DynamoDB란

Amazon DynamoDB는 키 밸류 스토어 데이터베이스이다. 관계형 데이터베이스에 맞지 않는 범용적 데이터를 저장하는 데 사용한다.

관계형 데이터베이스의 특징은 표 형태로 되어 있는 것과 테이블이 서로 연결되어 있다는 점이다. 즉, 미리 형식을 정해야 하며, 형식에 맞는 데이터만 입력할 수 있다. 테이블 사이에 연관되어 있기 때문에 중복 데이터가 없어 스토리지를 절약할 수 있지만 반면 데이터를 저장하는 처리 속도는 느리다.

키 밸류 스토어 데이터베이스는 데이터를 저장하는 형식이 정해져 있지 않다. 데이터끼리 연관 관계도 없다. 그렇기 때문에 SQL을 사용할 수 없고 고급 검색을 할 수 없다는 단점이 있지만, 그 대신 관계형 데이터베이스보다 응답 속도가 빠르다. DynamoDB는 VPC가 불필요하므로 Lambda 등과 같은 VPC를 사용하지 않는 애플리케이션 환경과 궁합이 좋다는 장점도 있다.

대규모 데이터를 처리하기 때문에 ACID(트랜잭션에 필요한 특성) 트랜잭션, 데이터 암호화, 접근 제한 등의 서비스를 갖추고 있다. 테이블을 글로벌 테이블로 생성하면 전 세계 각 리전에 분산되어 복제되며, 각 리전의 테이블에 데이터가 갱신되면 자동으로 동기화된다.

7.5.3 Amazon ElastiCache란

Amazon ElastiCache란 인 메모리 데이터베이스(in-memory database)이다.

인 메모리 데이터베이스란 데이터베이스를 조작할 때마다 외부 기억 장치에 읽기/쓰기를 수행하지 않고, 빈번하게 읽고 쓰는 데이터는 일시적으로 메모리에 보관(캐시)하는 방식으로 메모리를 활용하여 처리 속도를 빠르게 하는 데이터베이스이다.

DynamoDB는 스토리지에 저장하기 때문에 인 메모리 데이터베이스인 ElastiCache가 DynamoDB보다 처리 속도가 더 빠르다. 대신 인스턴스를 재시작할 때 데이터가 삭제된다. 따라서 ElastiCache는 빠른 속도를 목적으로 하는 캐시 용도로 많이 사용된다.

ElastiCache에는 Redis용과 Memcached용이 있으며 Redis와 Memcached는 대표적인 인 메모리형 키 밸류 스토어 DBMS이다. ElastiCache는 이들과 호환할 수 있으며 현재 사용하고 있는 애플리케이션을 변경하지 않아도 사용할 수 있다.

▶ DynamoDB는 키 밸류 스토어 데이터베이스를 제공한다.

서비스명	DynamoDB		
URL	https://aws.amazon.com/ko/dynamodb/		
사용빈도	★★★★		
요금	① 온디맨드(on-demand) 용량 요금(테이블에서 수행되는 요청 수) 혹은 ② 프로비저닝(provisioning)된 용량 요금(애플리케이션이 API를 요청한 수)		
매니지드 서비스 ○	서울 리전 ○	VPC ×	

※ ① 단가 X 100만 단위, ② RCU 및 WCU 단위이다. 그 외에 데이터 스토리지나 백업, 데이터 송신 각각 단가 X GB

▶ Redis용 Amazon ElastiCache는 인 메모리 데이터베이스를 제공한다.

서비스명	Redis용 Amazon ElastiCache		
URL	https://aws.amazon.com/ko/elasticache/redis/		
사용빈도	★★		
요금	① 온디맨드 노드와 ② 예약 노드		
매니지드 서비스 ○	서울 리전 ○	VPC ×	

※ ① 단가 X 노드 실행 시간, ② 노드 유형과 노드를 예약한 기간에 따라 선결제 요금 + 노드 실행 시간

▶ Amazon ElastiCache for Memcached는 인 메모리 데이터베이스를 제공한다.

서비스명	Amazon ElastiCache for Memcached		
URL	https://aws.amazon.com/ko/elasticache/memcached/		
사용빈도	★★		
요금	① 온디맨드 노드와 ② 예약 노드		
매니지드 서비스 ○	서울 리전 ○	VPC ×	

※ ① 단가 X 노드 실행 시간, ② 노드 유형과 노드를 예약한 기간에 따라 선결제 요금 + 노드 실행 시간

그 외의 데이터베이스: 다양한 데이터베이스 서비스를 제공한다

RDBMS와 키 밸류 스토어 데이터베이스 이외에도 데이터베이스가 존재한다. 대표적으로 문서 기반 데이터베이스, 그래프 데이터베이스가 있다. AWS는 이러한 NoSQL 데이터베이스도 제공한다.

7.6.1 그 외의 데이터베이스

시스템의 구조가 거대화되고 복잡해지면서 기존의 관계형 데이터베이스나 키 밸류 데이터베이스로는 처리할 수 없는 데이터 유형이 생기기 시작했다.

이를 위해 등장한 것이 문서 기반 데이터베이스나 그래프 데이터베이스 등의 데이터베이스이다. AWS는 이러한 데이터베이스도 사용할 수 있다.

❤ 그림 7-11 다양한 데이터베이스

DocumentDB
(문서 기반 데이터베이스)

Neptune
(그래프 데이터베이스)

Timestream
(시계열 데이터베이스)

Quantum Ledger
Database
(장부 데이터베이스)

AWS에는 관계형 데이터베이스나
키 밸류 스토어 데이터베이스 이외에도
다양한 데이터베이스가 있다!

7.6.2 Amazon DocumentDB(MongoDB 호환)란

Amazon DocumentDB는 MongoDB 호환 데이터베이스 서비스이다.

MongoDB란 오픈 소스의 문서 기반 데이터베이스이다. JSON 형식을 바이너리로 변환하여 BSON 형식으로 데이터를 저장할 수 있다. 2000년 후반부터 등장한 빅데이터 처리, 분산 처리에 적합한 NoSQL 데이터베이스의 하나로 높은 평가를 받고 있다.

DocumentDB는 MongoDB가 대규모의 데이터를 안정적으로 입출력할 수 있도록 설계되었다. 또한, 기본 MongoDB 드라이버와 도구를 사용할 수 있다는 점도 특징이다. 예를 들어 AWS Database Migration Service를 사용하여 Amazon EC2에서 가동 중인 MongoDB 데이터베이스를 Amazon DocumentDB로 다운타임[5] 없이 마이그레이션하는 것이 가능하다.

7.6.3 Amazon Neptune이란

Amazon Neptune은 '그래프 데이터베이스'이다. 그래프 데이터란 여러 가지 요소 사이의 관계 혹은 처리의 흐름을 나타내기 때문에 노드의 방향을 포함한 노드 사이의 연결을 기록한 데이터이다. Amazon Neptune은 대표적인 그래프 모델인 Property Graph와 W3C의 RDF에서 사용하는 쿼리 언어인 Apache TinkerPop Gremlin과 SPARQL을 지원한다. 관리가 자동화되어 있고 네트워크를 통한 데이터의 읽기/쓰기는 HTTPS로 암호화된다.

추천 시스템이나 소셜 네트워크, 지식 그래프(지식 기반의 발전된 형태로 정보를 축적할 뿐만 아니라 정보 간의 관련성을 가진 기술) 등에 사용되며 데이터 간의 복잡한 관계를 처리할 수 있다.

---

5 시스템을 이용할 수 없는 시간이다.

7.6.4 Amazon Timestream이란

Amazon Timestream은 '시계열 데이터베이스' 서비스이다. 시계열 데이터베이스란 시간의 경과에 따른 사물의 변화를 기록한 데이터로 전형적인 IoT의 데이터 취득 형태이다. 시간별로 취득한 데이터를 관계형 데이터베이스에 저장하는 것은 가능하지만 집약 및 집계 쿼리를 수행하기는 쉽지 않다.

Amazon Timestream에서 쿼리 처리 엔진이 시간별로 처리하는 데 최적화되어 있으며 평활법[6], 근사[7], 보간[8] 등의 분석 함수를 사용할 수 있다. 자원이 충돌하지 않도록 새로운 데이터를 삽입하고 기존 데이터의 쿼리를 다른 계층에서 처리한다. 필요에 따라 스케일링되기 때문에 용량이나 부하를 고려할 필요가 없다. 이러한 방식을 통해 IoT 데이터 처리 성능을 유지하고 데이터 관리 비용을 줄일 수 있다.

7.6.5 Amazon Quantum Ledger Database란

Amazon Quantum Ledger Database(QLDB)는 장부 데이터베이스이다.

장부는 기업의 상거래 및 재무 기록뿐만 아니라 감사에도 필요하다. 관계형 데이터베이스는 감사에 필요한 '데이터 변경 내용의 추적 및 검증'에 대해서는 지원하지 않으므로 시간과 비용을 들여서 감사용 애플리케이션을 개발해야 한다.

Amazon QLDB는 데이터 변경을 추적하여 이력을 남기는 '저널 형식'을 채용하고 있다. 저널 데이터는 변경, 삭제가 불가능하며 암호화 해시 함수(SHA-256)에서 변경한 내용을 변조하는 것을 방지하고 있다. 한편 SQL과 비슷한 API나 문서 기반 데이터 모델을 제공하며 조작은 쉬운 편이다.

---

6   [역주] 데이터의 추세나 수준 등을 분석하는 모델이다.

7   [역주] 선형 함수이다.

8   [역주] 두 점을 연결하는 방법이다.

▶ Amazon DocumentDB는 문서 기반 데이터베이스를 제공한다.

서비스명	Amazon DocumentDB		
URL	https://aws.amazon.com/ko/documentdb/		
사용빈도	★★★		
요금	데이터베이스 인스턴스 요금 + 스토리지 + I/O + 백업 스토리지, 무료 사용분을 초과한 외부의 데이터 송신량		
매니지드 서비스 ○	서울 리전 ○	VPC ×	

▶ Amazon Neptune은 그래프 데이터베이스를 제공한다.

서비스명	Amazon Neptune		
URL	https://aws.amazon.com/ko/neptune/		
사용빈도	★★		
요금	데이터베이스 인스턴스 요금 + 스토리지 + I/O + 백업 스토리지, 무료 사용분을 초과한 외부의 데이터 송신량		
매니지드 서비스 ○	서울 리전 ○	VPC ×	

▶ Amazon Timestream은 시계열 데이터베이스를 제공한다.

서비스명	Amazon Timestream		
URL	https://aws.amazon.com/ko/timestream/		
사용빈도	★★		
요금	테이블에 쓰기 수 + 쿼리로 스캔한 데이터(바이트) 수 + 데이터 저장소		
매니지드 서비스 ○	서울 리전 ○	VPC ×	

▶ Amazon Quantum Ledger Database는 장부 데이터베이스를 제공한다.

서비스명	Amazon Quantum Ledger Database(QLDB)		
URL	https://aws.amazon.com/ko/qldb/		
사용빈도	★★		
요금	I/O + 저널 스토리지 + 인덱싱된 스토리지 +무료 사용분을 초과한 외부의 데이터 송신량		
매니지드 서비스 ○	서울 리전 ○	VPC ×	

8장

알아 두면 좋은
AWS 서비스

AWS가 제공하는 서비스는 165종류 이상으로, 책에서 모든 서비스를 소개하기는 어렵다. AWS에는 EC2, S3, RDS 외에도 매력적인 서비스가 많다. 이 장에서는 그중 자주 사용하는 몇 가지 서비스를 알아보겠다.

8.1 Amazon Route 53: AWS의 DNS 서비스

AWS는 Amazon Route 53라는 DNS 서비스를 제공한다. DNS는 실제 운영 중인 EC2나 S3와 같은 AWS 서비스의 엔드포인트와 접속할 IP 주소를 연결하여 설정한다.

8.1.1 Amazon Route 53란

Amazon Route 53는 DNS(Domain Name System)이다. 앞 장에서 배운 DNS에 대해 복습하자면 DNS란 웹 브라우저에 https://www.gilbut.co.kr과 같이 URL을 입력하면 'IP 주소'로 변환하는 방식을 말한다.

Amazon Route 53는 접속할 IP 주소를 실제 운영 중인 EC2나 S3와 같은 AWS 서비스 엔드포인트(연결점)와 연결하며 이를 이름 풀이(name resolution)라고 한다. Amazon Route 53에서 도메인 이름도 등록할 수 있다. 도메인 이름 취득이란 gilbut.co.kr의 도메인 이름을 사용할 권리를 구매하여 도메인 네임 레지스트라(도메인 등록을 담당하는 대행 업체)[1]에 신청하는 것을 말한다.

Amazon Route 53는 엔드포인트 한 개에 트래픽이 집중되지 않게 하거나, 서비스에 장애가 발생했을 때 신속하게 다른 네트워크로 전환해주는 기능이 있어 라우팅을 유연하게 관리할 수 있다.

---

1 역주 한국에는 후이즈와 같은 업체를 말한다.

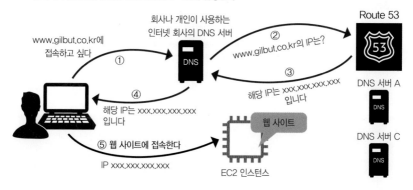
❤ 그림 8-1 Amazon Route 53는 DNS의 역할을 담당한다

8.1.2 Amazon Route 53의 용어

DNS는 인터넷을 사용하는 데 있어 중요한 시스템이다. 하지만 DNS 용어는 일반적인 개발자에게 생소할 수도 있다. DNS에 대한 용어는 DNS 설정과 요금 계산에 필요하기 때문에 꼭 알아 두어야 한다.

❤ 표 8-1 DNS에 대한 용어

항목	내용
Resolver	도메인 이름과 IP 주소를 상호 변환하는 것을 말한다. Amazon Route 53의 핵심 기능은 DNS 서버의 기능이다.
라운드로빈	호스트명 하나에 IP 주소를 여러 개 할당하고, IP 반환을 요청하면 제일 앞쪽 IP부터 연결하려는 특성을 이용하여, 접속할 때마다 IP 주소를 반환하는 순서를 바꾸는 방식으로 IP 주소를 자의적으로 조정한다. 접속 대상의 IP 주소가 복수이기 때문에 서버 여러 대에 분산하는 것이 가능하다.
트래픽 흐름	서버의 부하와 가장 효율이 좋은 서버의 IP 주소를 반환하도록 조정하는 것을 말한다. 지연이 적은 서버에 전송하는 지연 시간 기반 라우팅, 지리적으로 가까운 서버에 전송하는 Geo DNS, 서버의 가동 여부를 체크하여 가동되고 있지 않는 서버에 할당하지 않는 DNS 페일 오버[2]를 조합하여 구성한다.
호스트 영역	DNS의 설정 단위로 도메인 전체 혹은 서브도메인을 말한다.

❺ 계속

---

2 역주 장애 극복 기능이다.

항목	내용
레코드	도메인 및 서브도메인에 설정하는 항목으로, 설정 하나당 도메인과 IP 주소를 변환하기 위한 내용이 한 개씩 기록되어 있다.
쿼리	DNS에 대한 요청을 말한다.

레지스트라와 레지스트리

레지스트리(registry)란 도메인 정보의 데이터베이스를 관리하는 기관이다. 두 이름이 비슷하지만 레지스트라(registrar)는 레지스트리에 도메인 정보 등록을 담당하는 대행 업체이다. 사용자는 레지스트라에 도메인 정보를 신청하고, 레지스트라는 신청된 도메인 정보를 등록한다.

8.1.3 Amazon Route 53의 요금

Amazon Route 53의 요금은 다음과 같다.

요금 = ① 호스트 영역별 기본 요금 + ② 쿼리 건수에 대한 요금 + ③ 상태 확인 요금

① 호스트 영역별 기본 요금
도메인이나 서브도메인 1개당 계산한다.
0.05 US달러/월(도메인 25개 이하의 경우) (2021년 3월 기준)

② 쿼리 건수에 대한 요금
해당 도메인에 대한 쿼리 건수로 계산한다. 계산의 최저 단위는 100만 건이다. 예를 들어 월별 표준 쿼리가 10만 개인 호스팅 영역에는 0.40 US달러이다.[3]

③ 상태 확인 요금
상태 확인이란 서버의 리소스에 대한 상태나 성능을 감시하는 기능이다. 상태 체크는 50개까지 무료이며 50개를 넘으면 요금이 부과된다.

▶ Amazon Route 53는 DNS를 제공한다.

서비스명	Amazon Route 53(Route 53)	
URL	https://aws.amazon.com/ko/route53/	
사용빈도	★★★★	
요금	호스트 영역별 기본 요금 + 쿼리 건수에 대한 요금 + 상태 확인 요금	
매니지드 서비스 ○	서울 리전 ○	VPC ×

---

3 **역주** 월별 지연 시간 기반 라우팅 쿼리는 10만 개인 호스팅 영역에는 0.60 US달러의 요금이 청구된다.

- 표준 쿼리
  월별 10억 개 쿼리의 경우 0.40 US달러/100만 건
  월별 10억 개를 초과하는 경우 0.20 US달러/100만 건
- 지연 시간 기반 라우팅 쿼리
  월별 10억 개 쿼리의 경우 0.60 US달러/100만 건
  월별 10억 개를 초과하는 경우 0.30 US달러/100만 건
- 지역 DNS 및 지역 근접성 쿼리
  월별 10억 개 쿼리의 경우 0.70 US달러/100만 건
  월별 10억 개를 초과하는 경우 0.35 US달러/100만 건

8.2 AWS Lambda: 서버리스 서비스 이며 이벤트를 자동으로 실행한다

AWS Lambda(이하 Lambda)는 작은 프로그램을 실행하는 구조이며, 미리 등록해 두면 언제든 실행할 수 있다. 특히 Lambda는 S3와 조합해 사용하는 방식으로 주목받고 있으며, 향후 AWS를 사용하는 데 있어 활용도가 높아질 것이다.

8.2.1 AWS Lambda란

AWS Lambda는 데이터나 요청에 대한 실시간 처리나 백엔드 처리를 자동으로 실행하는 구조이다. 이와 같은 처리를 위해 전용 서버를 구축하거나 따로 관리하지 않아도 필요한 이벤트가 자동으로 실행된다. 서버에 상주하는 프로그램과는 다르게 프로그램 실행 시에만 요금이 부과된다.

Lambda 함수라는 형식의 함수를 사용하지만 새로운 프로그래밍 언어는 아니다. 잘 알려진 프로그래밍 언어로 작성한 코드를 바탕으로 'Lambda 콘솔'을 사용하여 GUI로 만들 수 있다. 사용할 수 있는 언어는 자바, C#, 파이썬, 루비, Node.js, Go 등이 있으며 템플릿도 제공한다.

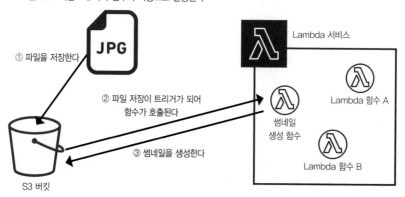

❤ 그림 8-2 이벤트에 따라 함수가 자동으로 실행된다

① 파일을 저장한다

② 파일 저장이 트리거가 되어
   함수가 호출된다

③ 썸네일을 생성한다

S3 버킷

Lambda 서비스

Lambda 함수 A

썸네일
생성 함수

Lambda 함수 B

Lambda 함수는 Lambda 서비스에 저장된다. 임의의 작업이 트리거가 되어 함수를 호출해 특정 AWS 리소스에서 작업이 수행된다. 대표적인 예는 S3 버킷에 이미지를 저장하면 썸네일 생성 함수를 호출하여 자동으로 썸네일이 작성되는 예이다.

8.2.2 Lambda의 용어

Lambda는 프로그램 코드를 Lambda 서비스에 업로드하여 특정 AWS의 서비스를 실행하는 방식이다. 업로드된 프로그램 코드를 'Lambda 함수'라 한다.

다음 표에 Lambda에 관한 두 용어를 소개한다.

❤ 표 8-2 Lambda에 관한 용어

항목	내용
이벤트 구동	S3에 파일을 저장하거나 DynamoDB에 데이터를 저장하거나 SES에 메일이 도착하는 등 AWS 서비스에 어떠한 변화가 생기면 Lambda 프로그램을 실행할 수 있다.
CGI를 대신하는 Lambda	API Gateway와 조합하여 웹 CGI처럼 사용할 수 있다.

8.2.3 이벤트 소스 목록

Lambda를 호출하는 방법으로 세 가지가 있다. 대표적인 것이 S3나 SES, API Gateway와 조합하여 사용하는 방식이다. SES(Amazon Simple Email Server)는 메일을 수신하면 함수가 동작하는 형태로 사용한다. API Gateway는 웹 브라우저가 API를 호출할 때 임의의 작업을 수행하는 형태로 사용한다. 그림 8-3은 Lambda를 호출하는 서비스의 목록이다.

또한, 목록에 있는 '동기적'이란 처리가 끝날 때까지 기다리는 것을 의미하며, '비동기적'이란 처리가 끝날 때까지 기다리지 않는 것을 의미한다.

❤ 그림 8-3 Lambda를 호출하는 서비스

Lambda가 이벤트를 읽는 서비스	Lambda 함수를 동기적으로 호출하는 서비스	Lambda 함수를 비동기적으로 호출하는 서비스
• Kinesis • DynamoDB • SQS	• ELB • ALB • Cognito • Lex • Alexa • API Gateway • CloudFront • Kinesis Data Firehose	• S3 • SNS • SES • CloudFormation • CloudWatch Logs • CloudWatch Events • CodeCommit • Config

8.2.4 Lambda 요금

Lambda 요금은 '단가 × 실행 시간(초 단위)'이다. 단가는 Lambda에 할당한 메모리의 크기에 따라 다르다.

요약

▶ AWS Lambda는 이벤트에 따라 자동으로 처리를 실행하는 방식이다.

서비스명	Amazon Lambda
URL	https://aws.amazon.com/ko/lambda/
사용빈도	★★★
요금	요청 + 실행 시간(무료 사용분을 초과한 분만)

매니지드 서비스 ○	서울 리전 ○	VPC △

8.3 AWS 컨테이너 서비스: 애플리케이션 단위로 실행할 수 있는 가상 환경

AWS는 도커(Docker) 형식의 컨테이너를 지원한다. 또한, 도커 오케스트레이션 도구인 쿠버네티스(Kubernetes)와 호환되는 Amazon Elastic Kubernetes Service도 제공한다.

8.3.1 AWS 컨테이너 서비스란

컨테이너란 프로그램 실행 환경을 분리하는 방식이다. 버추얼박스(VirtualBox)나 VMware와 같은 가상 서버는 OS 전체가 가상 환경이다. 하지만 컨테이너는 애플리케이션 프로그램만 컨테이너로 분리하고, 애플리케이션에 필요한 라이브러리나 데이터를 포함하고 있다. 따라서 굉장히 가볍고 관리하기 쉽다. 도커는 유명한 컨테이너 형식 중 하나이다. AWS는 도커 형식의 컨테이너를 지원한다.

일반적으로 컨테이너 서비스에는 컨테이너를 배치, 관리하기 위한 '레지스트리 서비스'와 컨테이너로 분리된 애플리케이션의 실행과 컨테이너의 조정을 수행하는 '오케스트레이션 서비스'가 필요하다.

AWS의 레지스트리 서비스로는 Amazon Elastic Container Registry(ECR)가 있다. 오케스트레이션 서비스로는 AWS 각 서비스를 기반으로 이루어진 Amazon Elastic Container Service(ECS)와 최근 주목받고 있는 쿠버네티스와 호환되는 서비스인 Amazon Elastic Kubernetes Service(EKS)가 있다.

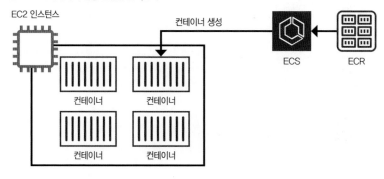

▼ 그림 8-4 컨테이너에 실행 환경을 분리한다

EC2 인스턴스

컨테이너 생성

ECS   ECR

컨테이너   컨테이너

컨테이너   컨테이너

8.3.2 컨테이너 서비스의 용어

컨테이너라는 개념 자체를 이해하기 쉽지 않을 수 있다. 도커 등으로 컨테이너
의 개념을 이해하고 나면 AWS에서 컨테이너를 사용하기 쉬울 것이다. 다음 표
에서 컨테이너에 대한 용어를 소개한다.

▼ 표 8-3 컨테이너에 관한 용어

항목	내용
컨테이너	프로그램 전체를 분리하여 실행하는 시스템을 말한다.
도커 이미지	컨테이너를 구성하는 프로그램이나 설정을 말한다.
도커 허브	도커 이미지를 등록하는 서비스이다. AWS는 도커 허브(Docker Hub)로 ECR을 사용한다.
Amazon EC2 Container Registory(ECR)	도커 이미지를 등록하는 서비스이다.
Amazon ECS	도커 이미지에서 EC2나 AWS Fargate에 컨테이너를 생성하여 실행하는 서비스이다.
쿠버네티스	컨테이너를 종합 관리하는 방식이다.
Amazon Elastic Container Service for Kubernetes(EKS)	AWS가 제공하는 쿠버네티스 서비스이다.
AWS Fargate	컨테이너를 실행하는 EC2를 자동으로 관리하기 위한 방식이다.

도커는 서비스 특징이 고래의 성질과 비슷하여 고래를 캐릭터로 사용하고 있다. 도커라는 이름은 잘 몰라도 고래 이미지는 본 적이 있을 것이다.

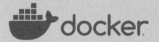

8.3.3 AWS Fargate의 방식

AWS Fargate는 필요에 따라 EC2 인스턴스를 기동하고 EC2 안에 컨테이너를 할당하고 실행하는 방식이다.

▼ 그림 8-5 Fargate는 EC2를 관리하는 서비스이다

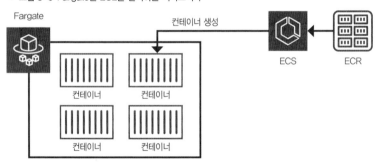

8.3.4 컨테이너 서비스 요금

EC2 시작 유형의 경우는 'EC2 요금'만 발생하며 요금이 추가되지 않는다. Fargate 시작 유형의 경우는 '① 할당된 CPU당 실행 단가 × 가동 시간(분) × 컨테이너 수 + ② 메모리 단가 × 가동 시간(분) + ③ 데이터 전송 요금'이다.

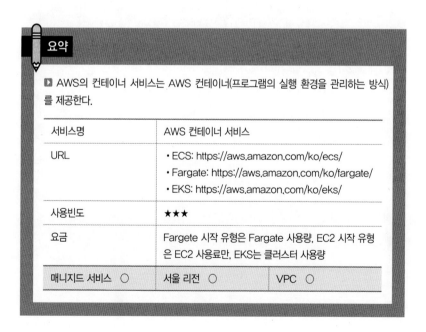

요약

▶ AWS의 컨테이너 서비스는 AWS 컨테이너(프로그램의 실행 환경을 관리하는 방식)를 제공한다.

서비스명	AWS 컨테이너 서비스
URL	• ECS: https://aws.amazon.com/ko/ecs/ • Fargate: https://aws.amazon.com/ko/fargate/ • EKS: https://aws.amazon.com/ko/eks/
사용빈도	★★★
요금	Fargete 시작 유형은 Fargate 사용량, EC2 시작 유형은 EC2 사용료만, EKS는 클러스터 사용량

매니지드 서비스 ○	서울 리전 ○	VPC ○

• Amazon SageMaker와 AWS Deep Learning AMI

AWS에서 머신 러닝을 수행하려면 Amazon SageMaker를 사용하는 방법과 AWS Deep Learning AMI를 사용하는 방법이 있다.

Amazon SageMaker는 머신 러닝 모델을 간단하고 빠르게 구축, 트레이닝, 호스트 환경에 배포하기 위한 완전 관리형 서비스이다. 머신 러닝용 각종 알고리즘이나 학습 프레임워크를 조합한 주피터 노트북(Jupyter Notebook) 인스턴스를 사용하여 모델 구축과 트레이닝을 수행한다.

한편 AWS Deep Learning AMI는 딥러닝 프레임워크와 인터페이스를 갖춘 Amazon EC2 인스턴스이다. SageMaker보다 환경과 방법의 선택의 폭이 넓고 사용자 정의가 가능하며 머신 러닝에 대한 심층 연구에 적합하다.

• AWS IoT Core

AWS IoT Core 장치와 AWS 혹은 IoT 장치 사이의 인터넷 접속, 통신을 수행하기 위한 관리형 클라우드 서비스이다. 수십억 개의 IoT 장치와 수조 개의 메시지를 취급할 수 있다.

HTTP 등의 표준 통신 프로토콜을 지원하며 TLS 암호화와 인증에 의해 통신 내용을 안전하게 보호한다. AWS SDK와 AWS IoT Device SDK를 사용하여 IoT 장치에서 송신된 데이터를 처리할 수 있고, IoT 장치를 조작하는 애플리케이션을 개발하거나 실행할 수도 있다.

• Amazon Lumberyard

Amazon Lumberyard는 게임 엔진이며 게임 편집기로 게임을 작성할 수 있다.

다운로드 및 사용은 무료이다. 게임 운영을 위해 AWS를 사용할 경우에는 요금이 부과되지만, 게임 수익에 대해 지불할 의무는 없다.

라이브 게임과 멀티플레이어 게임을 운영하거나 동적 콘텐츠를 이용할 때 클라우드 컴퓨팅, 네트워크 리소스나 스토리지를 사용하므로 클라우드 운영을 전제로 한다면 AWS 클라우드와 통합된 Lumberyard의 특징을 잘 활용하면 편리하다.

라이브 스트리밍 전송 플랫폼 Twitch와 연동할 수 있다. 동영상 튜토리얼이나 문서, 포럼 등에서 게임 개발을 배울 수 있다.

A

ALB **142**

Amazon Athena **193**

Amazon Elastic Block Store **133**

Amazon Elastic Container Registry **274**

Amazon Elastic Container Service **274**

Amazon Elastic Kubernetes Service **274**

Amazon Lightsail **176**

Amazon Lumberyard **278**

Amazon Machine Image **126**

Amazon Redshift Spectrum **193**

Amazon Relational Database Service **243**

Amazon SageMaker **278**

Amazon Simple Storage Service **154**

Amazon Virtual Private Cloud **200**

Amazon Web Services **018**

API **164, 179**

Auto Scaling **149**

AWS **018**

AWS 계정 **050**

AWS 관리 정책 **099**

AWS 비용 관리 **103**

AWS Amplify **176**

AWS Budgets **105**

AWS CLI **095**

AWS Cost Explorer **104**

AWS DataSync **180**

AWS Deep Learning AMI **278**

AWS Direct Connect 게이트웨이 **234**

AWS IoT Core **278**

AWS re:Invent **052**

AWS Transfer for SFTP **179**

AZ **107**

C, D

Classless Inter-Domain Routing **210**

CLB **142**

Cross-Region Replication **189**

CRR **189**

DaaS **083**

Database Management System **239**

Docker **274**

Domain Name System **266**

Dynamic Host Configuration Protocol **212**

E, F, H

EaaS **064**

ECR **274**

ECS **274**

EKS **274**

FaaS **083**

FQDN **078**

HDD **133**

HTML **079**

I

IAM 사용자 **096**

IAM 역할 **096**

Infrequent Access **160**

in-memory database **259**

Intelligent-Tiering **159**

IPv6 **076**

K, L, M

key value store **257**

KVS **257**

Lambda 함수 **270**

Local Area Network **072**

masquerade 216

N, O, R

NAPT 216
Network Address Port Translation 216
Network Address Translation 217
NLB 142
NoSQL 데이터베이스 242
on-premises 056
OS 070
Reduced Redundancy Storage 160

S, T

S3 버킷 166
S3 Glacier 161
S3 Glacier Deep Archive 161
S3 Select 192
SDK 164, 179
snapshot 146
SQL 239
SSD 133
Standard 159
T2/T3 무제한 123
TCP/IP 프로토콜 218

U, V, W

URL 078
VPC 피어링 231
WAN 232
well-known ports 225
Wide Area Network 232

ㄱ, ㄷ

객체 잠금 183

고객 관리형 정책 099
관계형 데이터베이스 241
다단계 인증 100
다요소 인증 100
다중 AZ 246
대시보드 093
데몬 226
도메인명 078
도커 274

ㄹ, ㅁ

레지스트라 268
레지스트리 268
리소스 기반 정책 098
마켓플레이스 129
멀티 파트 업로드 179

ㅂ, ㅅ

부하 분산 장치 141
비관계형 데이터베이스 241
스토리지 클래스 분석 183

ㅇ

암호화 통신 198
예약 IP 주소 213
이중화 062
인 메모리 데이터베이스 259

ㅈ, ㅍ, ㅎ

자격 기반 정책 098
포트 224
프리티어 036
호스트명 078